KB129941

왜 살인자에게 무죄를 선고했을까?

STRAFE by Ferdinand von Schirach

왜
살인자에게
무죄를
선고했을까?

페르디난트 폰 쉬라크 지음

이지윤 옮김

갤리온
GALLEON

모든 인간은 법 앞에 평등하다.

Story

거부당한 배심원

카타리나는 나무가 빽빽하게 자라 검은 숲이라 불리는 지역의 산골 마을에서 자랐다. 해발 1100미터에 농가 열한 채와 성당 하나, 그리고 월요일에만 문을 여는 상점 하나가 있었다. 그녀의 집은 그중 맨 끝이었다. 지붕 처마가 길게 늘어진 삼층 주택은 원래 카타리나의 외할아버지 집이었다. 농장 뒤편으로 펼쳐진 숲 뒤는 절벽이었고 그 너머로 다시 숲이 펼쳐졌다. 카타리나는 그 동네에서 유일한 아이였다.

카타리나의 아버지는 제지공장의 회계 담당자였고 어머니는 교사였다. 부모님은 둘 다 인근 도시로 출퇴근했다. 카타리나는 열한 살 무렵부터 학교가 끝난 후면 아버지의 회사로 갔다. 그녀는 사무실에 앉아 아버지가 가격과 할인, 입고 일정을 협상하는 통화에 귀를 기울였다. 통화가 끝나면 아버지는 카타리나가 이해할 때까지 모든 것을 찬찬히 설명해주곤 했다. 방학 때는 아버지가 출장에 카타리나를 데리고 갔다. 그녀는 호텔에서 출장 가방을 챙기고 양복 주름을 펴면서 일정을 마친 아버지가 돌아오길 기다렸다. 열세 살이 되자 그녀는 아버지보다 키가 반 뼘쯤 더 커졌다. 흰 피부에 검은 머리카락을 가진 그녀를 아버지는 백설 공주라고 불렀다. 누군가 카타리나를 보고는 아버지에게 아내가 너무 젊다고 말했고, 아버지는 그 소리에 크게 웃었다.

카타리나의 열네 번째 생일을 2주 앞두고 그해 첫눈이 내렸다. 사방이 환하게 빛나고 몹시 춥던 날이었다. 집 앞에는 아버지가 겨울이 오기 전에 지붕을 보수하려고 가져다 둔 널빤지가 늘어서 있었다. 여느 날처럼 카타리나는 어머니 차를 타고 등교했다. 그들이 탄 차 앞에는 화물트럭 한 대가 가고 있었다. 어머니는 그날 아침 내내 말이 없었다.

"너희 아버지가 다른 여자와 사랑에 빠졌단다." 어머니가 드디어 입을 열었다. 나무 위에도 절벽 위에도 눈이 한가득 쌓여 있었다. 어머니는 '남부 과일'이란 글씨가 알록달록하게 적혀 있는 화물트럭을 앞질러 갔다. 어머니는 차를 너무 빨리 몰고 있었다. "아버지의 비서란다." 어머니가 다시 말했다. 항상 다정했던 그 비서라면 카타리나도 알고 있었다. 아버지는 아무 말도 하지 않았지만 카타리나는 사실 둘 사이를 짐작하고 있었다. 그녀는 책가방을 꽉 움켜쥐었다. 손톱이 아팠지만 놓지 않았다.

아버지는 도시에 집을 얻어 나갔고 카타리나는 그 이후로 아버지를 볼 수 없었다.

▼ ▲ ▼

왜 살인자에게 무죄를 선고했을까?

반년 후 카타리나가 살던 농가 창문에 널빤지가 붙었다. 수도꼭지에선 물이 나오지 않았고 전기도 끊겼다. 카타리나와 어머니는 친척들이 사는 본으로 이사했다.

카타리나가 사투리를 고치는 데는 꼬박 일 년이 걸렸다. 그녀는 학생신문 정치 면에 논평을 썼다. 열여섯 살에 처음으로 지역신문에 그녀의 기고문이 실렸다. 그녀는 무슨 일이든 깊이 생각한 뒤에 행동으로 옮겼다.

대학 입학 시험에서 최고점을 받은 카타리나는 학교 강당에서 열린 졸업식에서 학생 대표로 연설하게 되었다. 그것은 카타리나에게 불편한 일이었고 그래서 졸업식이 끝나고 열린 파티에서 술을 많이 마셨다. 그녀는 뿔테 안경을 쓴 같은 반 남학생과 춤을 추었다. 그에게 키스했고 그의 청바지 아래로 묵직한 감촉을 느꼈다. 그 남학생은 카타리나가 가끔 머릿속에 떠올렸던 남자들의 모습과는 전혀 달랐다. 그녀에겐 당당한 남자 어른이 가던 길을 멈추고는 뒤돌아보며 예쁘다고 말해주었던 기억이 남아 있었다. 하지만 그들은 낯선 사람들이었고 그녀가 아는 세계와는 너무 멀리 떨어져 있었다.

남학생이 그녀를 집까지 태워주었다. 그녀는 집 앞에 차를 세우고 손으로 그의 욕구를 채워주었다. 그동안 그녀의 머릿속에는 졸업식 연설에서 한 실수가 계속 맴돌았다. 그녀는 집으로 올라가 욕실에서 손톱 정리용 가위로 손목을 그었다. 이번엔 평소보다 유독 피가 많이 나왔다. 붕대를 찾으려고 선반을 뒤적이다가 향수병과 치약들이 세 면대로 굴러 떨어졌다. '나는 망할 년이야.' 그녀는 생각했다.

▼ ▲ ▼

고등학교를 졸업한 카타리나는 친구와 함께 방 두 개짜리 집을 하 나 얻어 독립했고 대학에서는 정치학을 공부하기 시작했다. 2학기를 마치자 학생 조교 자리를 얻을 수 있었다. 주말에는 백화점 카탈로그 에 실리는 속옷 광고 모델로 일했다.

4학기째에는 주 의회 의원실에서 인턴으로 일하기 시작했다. 의원 은 라인강 하류 지역 출신으로 초선 의원이었고 그의 부모님은 아직 도 고향에서 의류점을 하고 있었다. 그는 마치 이전에 카타리나가 사 귀었던 남자친구의 나이 든 모습과 꼭 닮아 있었다. 아직은 남자라기 보단 소년에 가까웠으며 작고 땅딸막한 체구에 둥근 얼굴은 친숙한 인상을 풍겼다. 카타리나는 정치에 별 뜻이 없었지만 굳이 남들에게 말하진 않았다. 지역구를 돌아다니는 여정에서 그는 그녀를 친구들 에게 소개했다. 그가 나를 자랑스러워하는구나, 카타리나는 생각했 다. 식사를 하며 다음 날 일정을 논의하던 어느 저녁, 그가 테이블 위 로 몸을 기울여 그녀에게 입을 맞추었다. 저녁을 마치고 그들은 그의 호텔방으로 갔다. 너무 흥분한 나머지 시작하자마자 끝나버렸다. 당 황해하는 그를 카타리나는 애써 위로했다.

그녀는 거의 매일같이 의원의 집에서 잠을 잤다. 둘은 가끔 여행도 갔지만 의원은 할 일이 너무 많았기 때문에 근처를 짧게 다녀오는 게 고작이었다. 카타리나는 그가 상처받지 않도록 신중하게 그의 연설을 고쳤다. 잠자리에서 관계를 할 때 그는 자기 몸을 마음대로 조절하지 못할 때가 많았다. 그녀는 그의 그런 점이 좋았다.

대학 졸업 시험이 끝난 날이었다. 카타리나는 친구와 가족들에겐 너무 피곤하다고 말하고 파티에 참석하지 않았다. 남자친구가 밤늦게 일정을 마치고 집에 돌아왔을 때는 이미 잠자리에 들어 있었다. 그는 그녀가 선물한 넥타이를 매고 침대 모퉁이에 서 있었다. 샴페인 한 병을 갖고 와 뚜껑을 따고선 그녀에게 결혼해주겠냐고 물었다. 당장 대답할 필요는 없다고 말하는 그의 손엔 이미 잔이 들려 있었다.

그날 밤 그녀는 욕실로 가서 샤워기를 틀어놓고 바닥에 앉아 피부가 델 정도로 뜨거운 물을 하염없이 맞았다. 그건 항상 거기에 있어, 그녀는 생각했다. 학창 시절부터 그녀는 이미 그 존재를 알고 있었다. 마치 전자레인지처럼 그녀의 우주에는 어디에나 모종의 파장이 흘렀고 그걸 인식했을 때부터 그녀는 그걸 후광이라고 불렀다. 소리 없이 울고 나니 부끄럽긴 해도 기분은 한결 나아졌다.

"다음 주에 우리 부모님 댁에 가기로 했어." 아침 식사 도중 그가 말했다.

"나는 같이 가지 않을래요." 그녀가 말했다.

왜 살인자에게 무죄를 선고했을까?

그리고 그녀는 그의 자유와 그녀의 자유에 관해, 그리고 그들이 앞으로 걸어가야 할 길들에 관해 말했다. 또한 그녀는 상황과 맞지도 않고 그들과 별 상관없는 다른 것들에 관해서도 장황한 이야기를 늘어놓았다. 열어놓은 창문으로 한여름의 열기가 들어왔다. 그러다 그녀는 더 이상 무엇이 옳고 그른지 알 수 없게 되었고 어느 순간 더 말할 거리도 없어졌다. 곧바로 자리에서 일어나 그가 차려놓은 식탁을 정리했다. 그녀는 가슴이 아팠고 공허했으며 몹시 피곤했다. 그녀는 다시 침대에 몸을 뉘었다. 다른 방에서 그가 우는 소리가 들리자 침대에서 일어나 그에게 갔다. 그들은 다시 한 번 몸을 섞었다. 마치 어떤 의미가 있는 것처럼. 하지만 실제로는 아무 의미 없는 행동이었으며 그 어떤 약속도 아니었다.

오후가 되자 그녀는 쇼핑백 두 개에 짐을 쌌다. 그리고 그의 집 열쇠를 식탁에 올려놓으며 말했다. "나는 내가 되고 싶어 하는 사람이 아닌 것 같아요." 그는 그녀를 쳐다보지 않았다.

그녀는 대학교 앞을 지나가며 왕궁 정원 앞 말라버린 잔디밭에서 성까지 이어지는 대로를 쭉 따라갔다. 벤치를 발견하고선 잠시 앉아 다리를 뻗었다. 그녀의 신발은 먼지투성이였다. 성 지붕 위 둥근 공이 에메랄드 색으로 빛나고 있었다. 그때 동쪽에서 불어온 바람이 거세지더니 비가 내리기 시작했다.

▼ ▲ ▼

집 안에는 탁한 공기가 흘렀다. 그녀는 옷을 벗고 침대에 누워 곧장 잠자리에 들었다가 비와 바람 소리, 그리고 근처 교회에서 울리는 종소리를 들으며 잠에서 문득 깼다. 그러다 다시 잠에 빠졌다가 마침내 자리에서 일어났을 땐 사위가 고요했다.

그녀는 한 정당 산하 재단에서 다시 일을 시작했다. 대규모 회의가 열리는 동안 손님들, 즉 정치인과 기업인, 로비스트들을 안내하는 업무였다. 호텔에선 비누 냄새가 났고 남자들은 얼룩이 묻지 않도록 넥타이를 어깨 뒤로 넘긴 채 조식을 먹었다. 시간이 지난 후 그녀는 이 시간을 그저 흐릿하게만 기억할 수 있었다.

카타리나의 상황은 차츰 나아졌다. 그녀는 자신을 좀처럼 드러내는 법이 없었지만 사람들은 그녀를 좋아해 카타리나 앞에서 자기가 원래 하려던 것보다 더 많은 말을 늘어놓았다. 그리고 그녀의 재능을 알아본 대표가 대표실 직속 연구원으로 임명했다. 그녀는 대표의 일정에 동행하고 보도자료를 쓰고 그에게 조언하고 전략을 제안했다. 대표는 그녀가 매우 뛰어나다고 칭찬했으나 그녀는 자기가 아무 쓸모없는 고등 사기꾼일 뿐이며 자신의 일 또한 큰 가치가 없다고 생각했다. 출장 동안 그들은 마치 이것 또한 일정의 일부인 양 함께 잠을 자곤 했다. 이런 생활을 3년쯤 하고 나니 그녀의 몸이 아프기 시작했다. 체중도 계속 줄었다. 너무 지쳐서 휴일에는 누군가를 만날 엄두도 못 냈다. 식사 약속을 잡거나 전화 통화를 하거나 하물며 이메일 한 통을 쓰는 것조차 힘에 부쳐 밤이면 침대 옆 전화기 선을 뽑아버렸다. 심지어 대형 회의 두 번을 치르는 중간에 사랑니를 뽑아야 했다. 신경이 끊어지는 것 같은 고통이 찾아왔고 그녀가 울음을 멈추지 못하자 치과의사는 안정제 주사를 놓아주었다. 그 약효가 너무 세서 그녀는 의식을 잃었고 병원에 실려 가서야 정신을 차렸다.

그녀는 등 부분이 열려 있는 환자복을 입은 채 침상에서 일어났다. 창문 앞에는 노란 커튼이 내려져 있었다. 얼마 지나지 않아 병원 소속 심리치료사가 찾아와서 차분하고 부드럽게 말을 건넸다. 그녀는 오랫동안 그와 이야기를 나눈 후 자신이 다른 사람에게 필요 이상으로 신경 쓰고 있다는 말을 들었다. 그는 그녀에게 자신을 돌볼 필요가 있고 자신이 자신만의 존재라는 것을 인식해야 한다고 말했다. 계속 지금처럼 살다가는 망가질 것이라고 경고했다. 일주일 후 결국 그녀는 재단에 사표를 냈다.

넉 달쯤 지나자 재단 대표에게서 전화가 왔다. 그는 그녀가 좀 나았는지 물었다. 그리고 베를린에 있는 한 회사의 대변인 자리에 그녀를 추천했다고 했다. 젊은 사람들이 하는 소프트웨어 회사로 아마도 그녀가 재미있게 할 수 있는 일인 것 같다며 행운이 함께하길 바란다고 했다. 그녀는 다시 일을 해야만 한다는 걸 알았다. 오래전부터 리듬을 잃어버린 채 하루하루를 보내고 있었기 때문이다. 그래서 그녀는 그 회사에 연락하고 일주일 후 베를린행 비행기를 탔다. 그녀는 베를린에 자주 가봤지만 아는 곳이라곤 정부청사 주변과 회의실, 그리고 입장이 제한된 고급 술집뿐이었다.

회사 사장은 그녀보다 젊었다. 이가 매우 하얗고 눈동자는 연한 파란색이었다. 그는 자신의 회사에서 개발한 애플리케이션이 어떻게 작동하는지를 보여주고 사무실 이곳저곳을 소개해주었다. 직원들은 매우 젊었고 대부분 모니터를 응시하고 있었다.

저녁이 되어 숙소에 들어온 그녀는 소파에 앉아 열린 창문 밖을 바라보았다. 신발을 벗고 두 발을 창가에 나란히 올렸다. 집 앞 나무에 신호등 불빛이 반사돼 나뭇잎이 빨간색이 되었다가 다시 초록색으로 바뀌었다. 맞은편 집에 불이 켜지자 그 집 거실의 책장과 그림, 그리고 창가에 놓인 흰 바탕의 파란 무늬 도자기 꽃병이 보였다. 그녀의 방 창문으로는 보리수와 밤나무 냄새가 대로를 달리는 택시 매연에 섞여 들어왔다.

다음 날 아침 그녀는 비행기를 타고 돌아갔다. 그녀는 비행기에서 첫 번째 남자친구와 함께 떠났던 여행을 떠올렸다. 일단 프랑스 프로방스로 가서 해변을 따라 남쪽으로 내려간 다음 피레네산맥을 타고 스페인까지 갔었다. 그렇게 장거리 여행을 해보긴 처음이었다. 기차는 천천히 달렸고 아무도 내리지도 타지도 않는 작은 역에 30분마다 꼬박꼬박 정차했었다. 철길 옆으로 장미 밭과 라벤더 밭이 펼쳐졌고 환하게 빛나는 들판이 정겨웠다. 그녀는 남자친구의 품에 머리를 파묻고 있느라 바다를 볼 순 없었지만 바다를 지나고 있다는 사실만은 정확히 알고 있었다. 비행기가 착륙했는데도 그녀는 오랫동안 좌석에 앉아 있었다. 누군가 비행기에서 내려야 한다고 말하자 그제야 고개를 끄덕였다. 공항 대합실을 가로질러 나오는 동안 그녀는 한기에 몸을 오들오들 떨었고 서둘러 택시를 잡았다. 택시 운전석 계기판엔 머리에 수건을 두른 여인과 축구 유니폼을 입은 소년의 사진이 붙어 있었다. 택시가 다리를 건널 때 라인강이 햇살에 반짝이며 흐르고 있었다.

카타리나는 베를린 소프트웨어 회사로 출근하기 시작했다. 일은 간단했다. 언론 발표와 인터뷰, 그리고 가끔 고객과의 식사가 다였다. 사무실에서 여자는 그녀뿐이었다. 한번은 누군가의 모니터에서 자신의 얼굴과 다른 여성의 알몸을 합성한 사진을 보기도 했다. 프로그래머 하나는 가끔 그녀에게 수작을 걸어오곤 했지만 그녀는 응하지 않았고 싱글로 남는 편을 택했다.

▼ ▲ ▼

지방법원에서 그녀에게 보낸 편지는 그녀를 5년간 배심원으로 임명한다는 내용이었다. 그녀는 편지 상단에 적힌 번호로 전화를 걸어 무슨 착오가 있는 것 같다고, 자신에겐 그럴 시간이 없다고 이의 제기를 했다. 건너편에서 수화기를 든 남자는 이런 전화가 지겨운 눈치였다. 그는 이미 여러 번 같은 설명을 해본 말투로 임명 거부가 불가능하지는 않다고 말했다. 그녀가 주 의회나 연방 의회, 연방 상원 의회 혹은 유럽연합 의회 소속 의원이라면 그 직무를 거부할 수 있다고 했다. 또는 의사나 간호사라도 거부가 가능하다고 했다. 여타 거부 사유는 모두 법원조직법에 명시돼 있으니 그걸 읽어보는 게 좋을 거라고도 했다. 만약 읽어본 다음에도 여전히 자신에게 거부할 근거가 있다고 생각한다면 그때 검사의 청문 절차를 거쳐 법원이 다시 판단해달라고 요청하는 이의 신청서를 내면 된다고 했다. 카타리나는 회사 변호사에게 문의했지만 그녀에겐 여전히 선택의 여지가 없다는 대답뿐이었다.

▼ ▲ ▼

공판 첫날 카타리나는 아침 일찍 법원으로 갔다. 신분증 검사가 있었다. 그녀의 소환장을 읽은 경위는 법정 바로 옆 회의실 문을 열더니 그곳에서 기다리라고 말했다. 책상 앞에 앉아 있으니 얼마 있다가 판사가 들어왔다. 그들은 그날의 날씨와 그녀의 직업에 관한 대화를 나눴다. 판사는 그들이 오늘 상해 사건을 다루게 될 거라고 말했다. 마지막 배심원은 재판이 시작되기 직전에 들어왔다. 그는 직업학교 교사로 이번이 벌써 다섯 번째 재판이었다. 9시가 조금 지나서 그들은 옆문으로 법정에 들어갔다. 모두가 자리에서 일어났다. 판사는 재판의 개시를 알리며 먼저 신임 배심원의 선서가 있겠다고 말했다. 그는

왜 살인자에게 무죄를 선고했을까?

선서문을 한 문장씩 읽었고 카타리나는 오른손을 들고 그 문장을 따라 읽었다. 그녀 앞에는 큰 글씨로 인쇄된 선서문 한 부가 놓여 있었다. 선서가 끝나자 모두가 자리에 앉았다. 피고는 변호사 옆에 앉았고 경위는 신문을 읽었다. 방청석엔 아무도 없었다. 판사가 변호사와 검사에게 인사했고 피고인에겐 출생 일자와 주거지를 물었다. 그는 넉 달 전부터 미결구류* 상태였다. 카타리나 옆에 앉은 속기사는 모든 걸 받아 적었다. 그녀의 손 글씨는 알아보기 힘들었다.

검사가 자리에서 일어나 기소장을 읽었다. 남자는 의도적으로 아내의 신체에 상해를 입힌 혐의를 받았다. 피고인의 변호사는 자신의 의뢰인이 '일단은 재판에 개입하지 않을 것'이라고 말했다. 판사는 경위에게 증인을 입장시킬 것을 명령했다. 증인은 자리에 앉아 핸드백을 바닥에 내려놓았다. 판사는 그녀가 피고인의 아내이므로 묵비권을 행사할 수 있지만 증언을 할 경우에는 진실만을 말해야 한다고 덧붙였다.

노란 메모지가 문제였던 것 같다고, 여자는 말했다. 그녀의 남편은 몇 년 전부터 그녀에게 메모를 남겨 왔다. 그는 접착이 가능한 노란 메모지 한 다발을 항상 주머니에 넣고 다니며 메모지에 자신이 일하러 간 동안 그녀가 해야 할 일을 일일이 적었다. 접시에는 설거지라

---

* 범죄 혐의를 받는 자를 재판이 확정될 때까지 가두는 일.

고 쓴 메모지를 붙였고, 빨래에는 세탁, 냉장고에는 치즈 혹은 그 밖에 장 봐야 할 목록을 적어서 붙였다. 그는 온갖 곳에 이런 메모를 붙였다. 그녀는 그걸 견디기 힘들었다. 그에게 노란 메모지를 더는 참을 수 없다고, 그렇게 하지 않아도 자신이 할 일 정도는 알고 있다고 말했지만 그는 멈추지 않았다. 오히려 그는 내가 온종일 일하고 집에 와서 살림까지 해야겠냐고 잔소리를 늘어놨다. '생각이라곤 지푸라기만큼도 없는 년'은 그가 아내에게 즐겨 쓰는 표현이었다. "아무짝에도 쓸모없는 년이야." 매일같이 그는 말했다, 쓸모없는 년.

그녀는 아이를 낳을 수 없었다. 예전엔 남편이 그걸 두고 아내를 타박했다. 그의 말들은 오랫동안 그녀에게 상처가 되었지만 그마저도 어느 정도 익숙해졌다. 그는 그 얘기를 더 이상 하지 않았다. 여름이면 그들은 공항과 고속도로 사이에 있는 그들의 주말농장에 하루도 빠짐없이 갔다. 그곳에 작은 오두막도 한 채 지었다. 그 농장마저도 자기가 직접 돌봐야 한다고, 그는 말했다. 하루는 딱 한 번 그녀가 '알아서' 묘목 시장에서 사 온 파란 꽃모종을 정원에 심은 적이 있었다. 다른 작물들과 어울리지 않는다며 그는 그걸 다시 파냈다.

판사는 서류를 뒤적였다. 그녀의 남편은 이미 네 번이나 아내를 공격한 혐의로 유죄 판결을 받은 적이 있었다. 매번 아내를 치료한 병원에서 경찰에 연락했다. 가장 최근에 남편이 고무보트를 젓는 노로 아내를 때렸을 때는 집행유예를 받았다. 하지만 집행유예 기간에 또다시 폭행을 저지른 탓에 이번엔 구금 상태로 재판을 받게 되었다.

"저 사람이 술을 마시면 같은 사람이 아니라는 걸 아셔야 해요." 아내가 말했다. 그는 좋은 남편이지만 술이 그를 망쳤다고 했다.

일이 있던 그날, 그녀는 주말농장에서 숯불을 피워 바비큐를 하고 있었다. 이웃 사람들도 그 자리에 함께 있었다. 그녀는 불판에 소시지를 구웠고 남편은 이웃들과 함께 야외 테이블에서 식사를 했다. 그들은 얘기를 하며 맥주를 마셨다. 그녀는 빵을 가지러 부엌으로 들어갔다가 다시 나와 불판 앞에 섰다. 그러다 '정말 웃기는 일'이 벌어졌다. 남편이 말하는 소리를 듣던 그녀에게 불현듯 소시지가 어떻게 되든 아무 상관이 없다는 생각이 든 것이다. 그래서 겉면이 툭툭 터진 소시지에서 기름이 흘러나와 숯불이 튀고 고기가 타는 것을 그저 바라만 보았다. 그녀의 남편이 다가와 소리를 질렀다. 소시지도 제대로 못 굽느냐며 크게 호통을 치고 아내의 뒤통수를 때렸다. 그녀는 아무래도 상관이 없었다. 그날따라 아무런 느낌도 없었고 만사에 무감각했다. 아무 반응이 없자 급기야 남편은 화로를 발로 찼고 뜨거운 숯이 이곳저곳으로 튀면서 그녀의 다리와 발에 화상을 입혔다. 이웃들이 그녀를 병원으로 옮겼으나 남편은 따라오지 않았다. 작은 흉터 몇 개가 남았지만 '크게 심각한 건 아니'라고 그녀가 말했다.

판사는 병원에서 작성한 응급 처치 보고서를 낭독했다. "네, 모두 맞아요." 여자가 말했다. 판사는 다른 배심원과 카타리나에게 질문할 게 더 있느냐고 물었다. 다른 배심원들은 고개를 저었다. 얼굴이 하얗게 질린 카타리나는 떨려서 제대로 나오지 않는 목소리로 질문했다.

"만사가 무감각해졌을 때 무슨 생각을 했습니까?" 카타리나가 물었다.

여자가 고개를 들어 그녀를 쳐다보았다. 잠시 침묵이 흘렀다.

"우리 자동차요." 그녀가 말했다.

그들의 첫 자동차에 대해 생각했다고 했다. 결혼한 지 6개월쯤 되었을 때, 그들이 아주 젊었을 때 산 차였다. 크롬 범퍼에 지붕을 여닫을 수 있는 하늘색 폭스바겐 비틀이었다. 그들은 그 차를 중고차 딜러에게서 샀는데도 너무 비싸서 값은 할부로 치렀다고 했다. 차를 받아온 첫날 그들은 함께 세차를 하고 청소기로 먼지를 빨아들이고 광택제를 발랐다. 다음 날 아침, 둘은 창가에 나란히 서서 도로변 주차장에 세워둔 차가 햇빛에 반짝이는 것을 바라보았다. 그의 팔은 그녀의 어깨를 감싸고 있었다. 그녀는 그때를 떠올렸다고 말했다. 그녀는 남편과 잘해보고 싶었다고 말했다. 그의 곁에서, 그가 좋은 인생을 살게 해주고 싶었다고.

카타리나가 여자를 바라보았고 여자도 카타리나를 바라보았다. 카타리나는 눈물을 흘리기 시작했다. 증인의 얼굴이 마치 자신의 얼굴을 보는 것 같아서, 그 여자의 인생을 이해할 수 있어서, 모든 것이 외롭기 그지없어서 울고 말았다. 그 누구도 더는 말을 하지 않았다.

검사가 자리에서 일어나 차분한 목소리로 긴급 요청이 있다고 말했다. 판사는 고개를 끄덕였다. 재판은 한 시간 동안 휴정했다. 회의실에서 판사가 말하길, 검사가 편파성 우려를 이유로 카타리나의 배심원 거부를 요청했다고 했다. 그 요청이 받아들여질 경우 그녀를 대체할 예비 배심원이 없기 때문에 재판은 무산될 것이라고도 했다. 자리에 앉은 판사는 매우 피곤해 보였다. 카타리나는 한 번만 용서해달라며 너무 죄송하다고 말했다.

"소용없습니다." 판사가 말했다. "가서 커피 한잔 마시고 마음을 추스르세요."

카타리나와 다른 배심원 하나가 법원 구내식당으로 갔다. "그럴 수도 있지요." 다른 배심원이 말했다.

"자책하지 마세요." 누군가 배식대에서 접시와 찻잔을 들고 왔다.

"저는 여기 못 있겠어요." 카타리나가 말했다. 그들은 계단을 내려와 복도를 지나 길가로 나왔다.

재판이 재개되자 검사가 자리에서 일어나 요청서를 읽었다. 판사는 사람은 누구나 감정이 있을 수 있으며 그걸 표현할 수 있고 법으로 죄의 유무를 가리는 대상 또한 기계가 아니라 사람이라고도 했다. 하지만 거부당한 배심원은 그 반응이 너무 격렬하여 중립적이고 객관적이며 공정한 판결을 할 수 없는 편파적인 제삼자로 보인다고 했다. 여러 가지 판례를 인용한 복잡한 요청서였다. 그 속에서 카타리나는 거듭 '거부당한 배심원'으로 불렸다.

회의실에서 카타리나는 공식 진술서를 작성해야만 했다. 당신이 정말 편파적인지에 관한 소명을 서너 문장으로 쓰되 진실만을 말해야 한다고 판사는 말했다. 높이 달린 창문으로 햇빛이 쏟아졌다. 다른 배심원은 플라스틱 컵에 담긴 커피를 마시고 있었다. 검사가 자신에 관해 한 말은 모두 옳다고, 자신은 편파적이라고, 카타리나는 적었다.

피고에 대한 구금 명령은 취소되었고 남자는 풀려났다. 넉 달 후 그는 망치로 아내의 머리를 내려쳤고 아내는 병원으로 실려 가는 길에 사망했다. 신문에 그녀의 사진이 실렸다. 카타리나는 법원에 장문의 편지를 썼다. 자신을 배심원 명단에서 삭제하고 명예직을 해제해달라는 내용이었다.

법원은 그 요청을 거부했다.

배심원의 해임
대한민국 국민참여재판법 제32조 1항

법원은 배심원 또는 예비배심원이 불공평한 판단을 할 우려가 있는 때 직권 또는 검사·피고인·변호인의 신청에 따라 배심원 또는 예비배심원을 해임하는 결정을 할 수 있다.

어느 화창한 날

그녀가 자기 아이를 죽였다는 것에 재판부는 의심의 여지
가 없다고, 판사는 판결 이유를 밝혔다. 갓난아기는 낮밤을 가리지 않
고 비명을 질러댔고 그녀는 그걸 견디지 못했다. 그녀는 아이의 뒤통
수를 네 차례나 벽에 갖다 박았고 결국 아이는 뇌 손상으로 사망했다.
판사는 계속 갓난아기 혹은 아이라고만 불렀지만 아이에게는 그녀가
지어준 이름이 있었다. 요나스나 케빈 같은 흔한 이름이 아니었다. 그
녀가 언젠가 어느 잡지에서 찾아낸 예쁜 이름은 라이언이었다. 판사
는 자리에 앉아 판결을 선고했고 법정에 있던 사람들은 누구나 그녀
에게 무슨 사정이 있을 것이라고 생각했다. 하지만 그 자리에서 설명
이 허락되지 않았던 그녀의 사정은 그들이 상상했던 것과는 전혀 달
랐다. 판사는 그녀가 범행 당시 자기 행위에 대한 책임 능력이 약했
다고 말했다. 그녀의 남편은 그녀에게 아이를 남겨둔 채 떠났고 그녀
는 그 상황을 '감당할 능력이 전혀 없는' 상태였다는 이유로 징역 3년
6개월을 선고받았다. 가십을 좋아하는 신문들은 처벌이 너무 약하다
며 그녀에게 잔인한 엄마란 별칭을 붙였다. 검찰은 항소하지 않았고
판결은 법적 효력을 갖게 됐다.

교도소에는 술이 없었다. 그녀에겐 돈이 없었으므로 담배도 끊어

야 했다. 수형자들은 매일 6시에 일어나 7시엔 작업을 시작했다. 여자 재소자들은 다 똑같은 파란색 앞치마를 입고 나사를 크기별로 분류하거나 초콜릿 상자를 포장하거나 혹은 고무 패킹을 끼웠다. 일 년이 지나자 그녀는 목공소에서 일을 받아 법원과 교도소에서 쓰는 의자와 책상을 만들었다. 솜씨가 좋아 목공 장인은 그녀를 총애했다. "이제 내 머리가 정상으로 돌아온 거 같아요." 그녀는 그에게 말했다. 그녀는 호두나무로 상자를 하나 만들고 그 위에 자작나무로 상감세공을 했다. 완성된 상자는 그곳을 지나는 누구나 볼 수 있도록 목공소 입구 유리 찬장에 진열되었다. 반년이 더 지나고 그녀는 처음으로 외출을 허락받았다. 그녀는 교도소를 떠나 집에서 묵어도 됐지만 교도관에게 저녁에 다시 돌아오는 편이 낫겠다고 했다.

▼ ▲ ▼

그날처럼 화창한 날이었다. 그녀는 오랜만에 버스를 타고 시내로 나가 중심가를 산책했다. 노변 카페에 사람들이 여럿 앉아 있었다. 가게에서 진열품을 구경하다가 영치금으로 실크 스카프를 한 장 샀다. 그동안 그녀는 바깥세상이 얼마나 활기찬지 잊고 있었다. 시립공원까지 걸어가선 잔디밭에 누워 일광욕을 하다가 팔꿈치로 바닥을 짚고 엎드린 채로 산책하는 사람들을 구경하기도 했다. 그때 네다섯 살쯤 되어 보이는 꼬마가 눈에 들어왔다. 꼬마의 아빠가 얼굴만 한 아이

왜 살인자에게 무죄를 선고했을까?

스크림을 들고 있는 아이의 입을 사랑스럽게 닦아주었다. 그녀는 곧바로 일어나 목에 맸던 스카프를 풀어 쓰레기통에 던졌다. 그리고 다시 교도소로 돌아갔다.

6개월 후 그녀는 석방되었다. 집에 가니 남편이 소파에 앉아 있었다. 그에게 편지를 보냈는데도 그는 그녀를 데리러 오지 않았다. 식탁 위에 놓인 구겨진 편지지에는 맥주를 올려놓았던 자국만 선명하게 찍혀 있었다.

"어떻게 면회 한 번을 안 와?" 그녀가 물었다.

그는 라이터를 이리저리 돌리며 손장난만 치고 그녀를 쳐다보지 않았다.

"텔레비전이 안 나오더라." 그가 말했다.

"그래." 그녀가 말했다.

"수리공을 불렀더니 위성 안테나를 놓으래. 그래서 새로 하나 샀어." 그는 계속 라이터를 갖고 놀았다.

"이제 달자." 그는 이렇게 말하고 자리에서 일어났다.

그는 새로 산 위성 안테나가 들어 있는 상자를 베란다로 들고 나가 열어보고는 부엌에서 공구 상자를 챙겨 갔다. 그가 사다리 대신 마당에서 쓰는 의자를 벽에 붙여 올라가니 높이가 충분치 않았다. 그래서 한쪽 발은 의자 등받이에, 다른 발은 베란다 난간에 올렸다.

"빨간 드라이버 좀 줘." 그가 말했다.

"그래." 그녀는 계속 짧게 대답만 했다.

그녀가 공구함을 뒤져 빨간 드라이버를 그에게 갖다줬고 그는 벽에서 오래된 나사를 빼내려 애썼다.

"깊이 박혔네." 그가 말했다.

그날 그녀가 장을 보러 나간 건 고작 30분이었다. 그녀가 집에 돌아왔을 때, 그는 침실 바닥에서 자고 있었고 아이가 손에서 미끄러져 떨어졌을 뿐 자기는 아무 짓도 하지 않았다고 했다. 이미 상해와 강도 전과로 판사들과 안면이 많았던 그는 평생토록 형을 살아야 될 게 뻔했다. 그녀는 이제 막 숨을 거둔 아들을 품에 안고 입을 맞추었다. 아들은 여전히 예쁜 얼굴을 하고 있었다.

"재판까지 갈 것도 없지……" 그녀가 말했다.

그는 위에서 아래를 내려다보고 있었다. 그의 셔츠는 바지 밖으로 삐져나와 있었고 셔츠 안으로 보이는 그의 배는 털로 뒤덮여 있었다. 그때 그는 그녀가 책임을 떠맡는 게 모두를 위해 좋다고 말했다. '책임을 떠맡다'니, 평소에 그는 그런 식으로 말하는 법이 없었다. 그래서 그녀는 그 말이 귀에 꽂혔다. 그는 계속 나사를 돌리려고 시도했다.

"망가졌어." 그가 말했다. "녹슬었어."

그는 여자 교도소는 그렇게 형편없지 않다며 그녀가 아주 작은 벌만 받을 거라고 말했다. 그리고 앞으로도 그들은 한 가족으로 함께할 것이라고도 했다. '한 가족……' 그녀는 죽은 라이언을 품에 안고 계속 되뇌었다. 그때는 그가 아기를 벽에 갖다 던졌다는 사실은 알지 못했다. 그때는.

"내가 어리석었어." 그녀가 말했다.

그녀는 의자를 발로 걷어찼다. 까칠까칠한 수염으로 뒤덮인 그의 입이 벌어지면서 누런 이가 보였고 한때 그녀가 사랑했던 연한 푸른색 눈동자가 커졌다. 그는 계단 아래로 미끄러져 순식간에 4층 밑으로 곤두박질쳤다. 그는 시멘트 바닥에 부딪혔고 그 충격으로 오른쪽 심장 판막이 찢어졌다. 그리고 부러진 갈비뼈가 대동맥을 끊었다. 그녀는 천천히 계단을 내려가 보도에 널브러진 그의 옆에 서서 그가 서서히 죽어가는 모습을 지켜보았다.

▼ ▲ ▼

첫 번째 사건에서 그녀를 기소했던 검사가 이번에도 수사를 맡았다. 이제는 검사장이 되어 콧수염 정도는 마음껏 기를 수 있게 된 그는 그녀가 그의 남편도 죽였다고 믿었다.

그녀는 교도소에서 배운 대로 경찰의 질문에 아무 대답도 하지 않고 그저 변호사와 얘기하길 원한다는 말만 했다. 경관 하나가 그녀를 다시 구치소로 데려갔다. 다음 날 판사는 구속영장 발부를 허락했다. 증거는 빈약했지만 판사는 경찰의 살인 사건 전담반에 시간을 주려 했다. 경찰이 이웃을 탐문했으나 싸우는 소리를 들은 사람은 없었고 베란다에서 그녀의 모습을 본 노인에게서도 세세한 것을 파악할 순 없었다. 다른 증인도 그녀가 길에 쓰러져 있는 남편 옆에 '뻣뻣하게' 서 있었다는 말뿐이었다. 법의학자의 부검 결과, 사망자는 술을 마신 상태였고 외상은 모두 추락에 의해 생긴 것으로 판명되었다. 즉, '법의학적 견해로선 타살의 흔적이 없다'는 결론이 내려졌다.

열흘 후에 구속적부심*이 열렸다. 그녀는 변호사의 조언을 정확하게 따라 계속 묵비권을 행사했지만 검사장은 계속해서 그녀의 범행을 확신했다. 그러나 그녀의 죄를 증명할 수는 없었고 판사는 석방 결정을 내렸다.

그녀는 변호사와 함께 법정을 나와 문이 닫히자 그에게 자초지종을 설명했다. 더는 입을 다물 수 없으니 털어놓아야만 한다고, 그녀가 말했다. 그녀는 그런 걸 복수라고 부르는지 아니면 자신이 모르는 어떤 다른 표현이 있는지는 모르겠지만 어쨌든 미안하진 않다고 했다. 자

---

* 피의자의 구속이 합당한지를 법원이 다시 판단하는 절차다. 영장실질심사를 통해 인신 구속으로 인한 인권과 권리의 부당한 침해를 막기 위해 시행하는 제도로 누구나 수사 기관으로부터 구속을 당했을 때 관할 법원에 구속적부심사를 청구할 수 있다.

기 말을 이해했는지, 변호사에게 물었다. 둘은 법원 로비까지 함께 걸었다. 그녀는 복도에 놓인 어떤 벤치 앞에 멈춰 서서 무릎을 꿇고 좌석 아래를 들여다보았다.

"이거 제가 만든 거예요." 그녀가 말했다.

"정말 잘 만들었네요."

증거재판주의

대한민국 형사소송법 제307조 1항

사실의 인정은 증거에 의하여야 한다.

Story 3

증거

호숫가는 지하철역에서 그리 멀지 않았다. 그들은 거기서 오후 한나절을 보낼 셈이었다. 처음 들린 건 파리가 왱왱대는 소리였다. "오지 말고 거기 있어!" 그는 그녀의 손을 움켜잡으며 말했다. 그가 발견한 건 반듯하게 누운 남자였다. 그들은 비명을 지르지 않았고 아무것도 건드리지 않았다. 이글거리는 열기와 푸르른 잔디, 그리고 바람은 그대로였다. 세부적인 것만 빠르게 변했다. 시신에 머리카락이 급하게 엉겨 붙었고 청록색 파리 떼는 점점 더 빨리 날아들었다.

옛날엔 슐레징거도 훌륭한 변호사였다. "형사변호란 말이지⋯⋯" 그는 입버릇처럼 말했다. "골리앗에 맞선 다윗의 싸움이야." 그는 언제나 자신이 옳은 편에 선다고 생각했었다. 한동안은 일이 잘 풀렸다. 사무실을 열고 나서 항상 대형 사건들만 맡아 승승장구했다. 그러다가 자녀를 학대한 혐의를 받은 한 남자를 변호하게 됐다. 남자는 정황 증거만으로는 유죄 판결을 내릴 수 없다는 슐레징거의 변호에 힘입어 무죄 판결을 받았다. 그리고 남자는 집으로 돌아가 열두 살 아들을 세탁기에 집어넣고 돌렸다.

그 이후로 슐레징거는 술을 마시기 시작했다. 그래도 그는 경험이 많았고 그동안 판사나 검사들과 많이 알고 지낸 덕분에 한순간에 무너지진 않았다. 하지만 휴정이 선포되면 그는 화장실 변기 칸으로 들어가서 작은 병에 담아온 독주를 마셨다. 그는 의뢰인들을 상대로 거짓말도 했다. 그들을 '꺼내줄 수 있다'고, 혹은 무죄나 감형을 받아주겠다고 호언장담했다. 예전엔 슐레징거의 평판이 좋았기 때문에 의뢰인들은 자신을 풀어주겠다는 말을 믿고 그에게 선뜻 돈을 줬다. 그러나 슐레징거는 영수증을 발행하지 않았고 세금도 거의 내지 않았다. 재판이 뜻대로 되지 않아 형량이 너무 높게 나오면 오히려 의뢰인을 비난하기도 했다. 그들이 자신에게 무언가를 감춘 탓이라고 말이다. 한동안은 그 방식이 먹혔지만 언젠가부터 아무도 그를 찾지 않았고 갈수록 그가 너무 많은 재판에서 졌다. 아침부터 술 냄새를 풍겼기 때문이었다. 슐레징거의 아내는 오래 참지 않았다. 그녀가 별거하자고 말했을 때 그는 그녀를 이해했기에 두 아이를 엄마 곁에 두고 혼자 집을 나왔다. 그녀가 이혼 서류를 제출했을 때도 그는 누구의 탓도 할 수 없었다.

그러고부터는 자잘한 사건들만 맡았다. 주로 이웃 간의 드잡이나 무전취식, 그리고 마약 사건을 다뤘다. 거리의 판매상이 그의 의뢰인이었다. 그들은 헤로인이 담긴 봉지를 입에 물고 있다가 경찰이 쫓아오면 꿀꺽 삼키는 게 일이었다. 저녁은 주로 지저분한 중국 식당에서 때우고 거의 매일 저녁마다 식당 뒷방에 앉아 카드를 쳤다. 예전에 그는 도박 중독자들을 신경이 쇠약하고 과민하여 성인으로 볼 수 없는 사람들이라고 변호했었지만 이제는 그들의 마음을 이해할 수 있었다. 그곳의 규칙은 간단하고 명료했다. 게임을 하는 동안에는 오직 이 방과 카드만 있을 뿐 다른 세계는 없었다. 그 역시 그들처럼 게임 판 앞에서 편안함을 느낄 수 있었다. 중국 식당에는 항상 프로 도박꾼이 한둘 끼어 있었다. 슐레징거는 자기가 이길 수 없다는 걸 알고 있었다. 시간이 지나 혼미했던 정신이 또렷해지면 그는 자신도 다른 중독자들과 다를 바 없다고 생각했다. 그 또한 지는 걸 바랐다.

출중한 외모로 여자들에게 인기가 많았던 예전과 달리 지금은 몰골이 많이 야위었다. 체중이 15킬로그램이나 줄어서 양복이 헐렁하다 못해 흘러내릴 지경이었다. 잠은 사무실 소파에서 잤고 탕비실 뒤에 있는 코딱지만 한 욕실에서 샤워했다. 나중엔 비서마저도 그를 떠났다. 슐레징거는 이미 오래전부터 자신을 타락한 인간이라고 생각했다.

하지만 예심판사실에 비치된 변호사 명단에는 아직 슐레징거의 이름이 올라 있었다. 명단에 오른 변호사에겐 석 달에 한 번씩 비상근무가 찾아왔는데 변호사가 없는 피의자의 변호를 위해 그날의 비상근무 변호사에게 연락이 갔다. 대부분은 전화가 울리지 않고 지나가거나 전화가 오더라도 돈이 되지 않는 무의미한 사건들이었다. 그러나 이날 밤은 달랐다. 판사가 전화를 걸어 살인 사건이라고 말했다. 피의자는 남편을 총으로 쏴 죽인 혐의를 받아 이틀 전에 살인 혐의에 대한 체포영장이 발부됐다. 피의자는 어제저녁에 체포되어 한 시간 안으로 그에게 인도될 예정이었다. 피의자에게는 국선변호사가 필요했다. 슐레징거는 가겠다고 말하고 전화를 끊었다.

시계를 보니 새벽 1시 30분이었다. 그는 옷을 입은 채로 잠들었었다. 셔츠 이곳저곳에 담뱃재가 묻어 있었고 바닥엔 빈 병들이 널려 있었다. 곧장 욕실로 가 냉수로 샤워를 했다. 바닥에 쌓아놓은 옷 무더기에서 바지 하나를 찾았지만 깨끗한 셔츠는 찾을 수 없어서 터틀넥 스웨터를 입었다. 사무실에서 두 집 건너에 있는 맥도널드 커피 한 잔을 사서 택시를 잡아타고 형사법원이 있는 투름 거리로 달렸다. 슐레징거와 판사는 20년 전부터 알고 지낸 사이로 피의자가 도착할 때까지 기다리면서 예전 사건들에 관한 얘기를 나눴다. 판사는 매번 이런 식이라고 투덜댔다. 경찰들이 항상 한밤중에 피의자를 인계했기 때문이다.

"슐레징거 씨, 이제 피의자에게 가보시죠." 판사가 말했다. "그리고 얼른 끝내버립시다. 내가 보기엔 별 가망이 없어요. 체포영장 갖고 가서 얘기나 한번 해보세요."

슐레징거는 경위와 함께 낮은 문을 지나 가파르고 좁다란 계단을 내려갔다. 법원 건물 지하에는 법정과 구치소를 어두컴컴한 복도로 이어놓은 거대한 미로가 있다. 법조인들은 이 공간을 초기 기독교인들의 묘지이자 피난처였던 지하 동굴에 빗대 카타콤이라고 부른다. 여자 경위 하나가 나와서 구금실 문을 열었다. 습기와 음식 냄새, 그리고 식은 담배 연기가 섞여 텁텁한 공기가 느껴졌고 벽에는 미결수들이 온갖 언어로 끼적여놓은 음담패설이 가득했다. 슐레징거는 이미 수백 번 겪어본 일이었기에 그 방과 그런 상황이 익숙했다. 그는 여자에게 자기를 간단히 소개하고 자리에 앉았다. 영장을 읽은 터라 그녀의 나이가 마흔 셋이라는 것쯤은 알고 있었다. 여자의 눈동자는 연한 녹색이었고 베이지색 원피스에 검은 신발을 신고 있었다.

"나는 내 남편을 죽이지 않았어요." 여자는 마치 날씨 얘기를 하듯 태연하게 말했다.

"좋습니다, 하지만 애석하게도 그건 중요하지 않습니다." 슐레징거가 말했다. "중요한 건 검찰이 혐의를 입증할 만한 확실한 증거를 가졌냐는 겁니다."

"제가 다시 집으로 갈 수 있을까요?" 그녀가 물었다.

이쪽 일을 전혀 모르는군, 하고 슐레징거는 생각했다. 하긴 그런 것까지 기대할 수야 없는 노릇이었다.

"큰 걱정은 없습니다. 판사는 그제 조서를 넘겨받아 체포영장을 발부했고, 그래서 지금 당신이 체포된 겁니다. 우리는 곧 판사 방에 불려가게 될 거고 판사가 당신에게 영장을 읽어주고는 더 할 말이 있는지 물을 겁니다. 당신이 그 자리에서 즉각 혐의를 부인할 수 없다면 재판이 열리는 동안 구치소에서 생활해야 합니다."

"내가 뭐라고 해야 하죠?"

"일단 아무 말도 하지 마세요. 수사가 어떻게 됐는지를 아직 모르니까요. 조서를 입수하는 대로 구치소로 찾아가겠습니다. 함께 모든 것을 살펴보고 나서 무엇을 할 수 있을지 궁리해봅시다. 지금 당장은 당신의 말 하나하나가 오히려 덫이 될 수 있습니다. 혹시 경찰서에서 진술하셨나요?"

"네, 경찰관들에게 내가 아는 대로 모두 설명했어요. 나는 무고합니다." 여자가 말을 멈추고 슐레징거를 바라보았다. 그러고는 이해한다는 투로 덧붙였다. "아마 모두가 이렇게 말하겠지요."

"맞습니다, 모두가 그렇게 말합니다. 그리고 여기선 누구도 그 말을 신경 쓰지 않죠."

그들은 경위가 방으로 들어와 이제 나가야 할 시간이라고 말할 때까지 계속 대화를 나눴다.

판사는 여자에게 이름을 묻고 체포영장을 읽어준 다음 피의자 조사 결과를 대략 알려주었다. 높낮이가 없는 톤에 빠른 말투였다. "당신 남편의 시신은 호숫가에서 청년 두 명에 의해 발견되었습니다. 후두부에 한 발의 총알을 맞고 사망했고 시신 곁에는 권총이 놓여 있었습니다. 당신 남편의 머리에 박힌 탄알이 그 총에서 나온 것인지는 아직 확인되지 않았습니다. 하지만 총기 전문가는 잠정적으로 그럴 가능성이 크다고 추론했습니다. 권총은 당신이 직접 경찰에 진술한 대로 당신 소유입니다. 당신은 아버지로부터 총을 물려받았다고 했죠. 뿐만 아니라 수거된 총기, 탄창의 탄약, 그리고 풀밭에서 발견된 탄피에서 모두 당신의 지문이 나왔습니다. 수사관들이 당신 이웃들을 탐문했더니 모두가 당신 부부가 싸움이 잦은 편이었다고 말했고요. 다투는 소리가 너무 커서 관리실에 소음 신고를 한 적도 있다고 진술했습니다. 당신 남편은 사망 2주 전에 최대 수령액이 80만 유로인 생명보험에 가입했고 사망 시 수령인은 당신이었습니다. 사망 추정 시각에 당신은 혼자 집에 있었다고 했죠? 현재 이대로라면 당신에겐 증명 가능한 알리바이가 없습니다. 어쨌든 경찰서에서는 그렇게 진술했군요." 판사는 잠시 아무 말이 없었다. 그리고 서류를 닫더니 피의자를 응시했다.

"종합해보면 당신에겐 충분한 동기와 가능성 그리고 무기가 있습니다. 그리고 알리바이는 없죠. 지금 혐의에 대해 아무 말 안 해도 되지만 당연히 이 자리에서 소명을 하고 그것을 증거로 신청할 수도 있습니다. 아마 변호인과 이미 이야기를 나누셨을 겁니다. 어떻게 하시겠습니까?"

"제 의뢰인은 아무 말도 안 할 겁니다." 슐레징거가 말했다.

"좋습니다, 그러면 체포영장을 유지하도록 하죠." 판사가 말했다.

"저는 제 의뢰인의 불구속 기소를 요청합니다." 슐레징거가 말했다. "그녀는 전과도 없고 이미 평생의 절반을 베를린에서 살았습니다. 여기에 집이 있고 지난 12년간 의류회사 판매원으로 일해 왔습니다. 보석금을 낼 수도 있고, 신원 증명이 필요하다면……"

"아닙니다, 변호인." 판사가 그의 말을 잘랐다. "내가 당신 의뢰인의 경찰 진술을 제대로 기억하는 것이라면 그녀에겐 해외 연락처가 상당히 많습니다. 부모님이 미국에 살고 딸이 이탈리아에 체류 중입니다. 판결에 따라 형량이 높게 나올 수도 있으므로 해외 도주의 우려 또한 크다고 생각됩니다. 그러므로 불구속 기소에 관한 변호인의 요청을 기각합니다."

판사 옆 작은 책상 앞에 앉은 속기사가 키보드를 두드려 그들의 말을 적어 넣었다.

"또 다른 요청 사항이 있습니까, 슐레징거 씨?" 판사가 물었다.

"구속적부심을 구두 형식으로 진행해주실 것과 저의 국선변호사 선임을 요청합니다. 수사 기록 열람이 가능하도록 속기록에 포함해주십시오."

"기록했습니까?" 판사가 속기사에게 물었다.

속기사는 고개를 끄덕였고 판사는 속기를 읽었다. "결정된 바를 공표, 슐레징거 씨를 이 사건 피고 측 변호사로 선임." 속기사는 읽은 것을 종이에 출력해왔고 판사가 하단에 서명했다.

"담당 검사에게 이미 얘기를 해두었으니 금방 조서를 넘겨받을 수 있을 겁니다." 그가 슐레징거에게 말했다.

판사는 경위 쪽으로 몸을 돌렸다. "피의자를 데리고 나가시오."

"개인적으로 의견을 좀 말해도 되겠소?" 다시 슐레징거와 둘이서만 방에 남게 된 판사가 말했다.

"물론입니다." 슐레징거가 말했다.

"우리가 알고 지낸 시간이 길어서 하는 말이니 껄끄럽게 들진 마시오. 지금 당신의 꼴이 엉망이오. 술 냄새도 진동을 하고. 제발 돌아가서 푹 자고 제대로 챙겨 먹으시오."

"그러지요, 고맙습니다." 슐레징거가 말했다.

그는 팔에 서류 더미를 잔뜩 안은 채 판사에게 인사한 후 택시를 타고 사무실로 돌아왔다. 어느덧 시간은 3시 30분이 되었다. 슐레징거는 건물 입구에 서 있는 남자를 한번에 알아보았다. 말쑥한 정장 차림을 한 알제리인의 이름은 야서였다. 그는 채무추심을 주업으로 하는 폭력배로 슐레징거가 변호를 맡은 적이 있었다. 4년 전 야서는 한 클럽에서 러시아 출신 경호원 세 명에게 중상을 입힌 혐의를 받았다. 세 명 모두 야서보다 덩치가 배는 큰 데다 각각 칼과 전기 충격기, 야구 배트를 들었는데 야서는 고작 볼펜 한 자루를 들고 싸웠다. 그러나 그들은 몇 주간 병원에 누워 있었고 결국 야서는 구속 기소되었다. 클럽 손님들이 그가 주로 공격을 했다고 말했기 때문이었다. 하지만 재판에서 러시아 경호인들은 놀랍게도 자기들이 먼저 싸움을 걸었다고 진술해 야서는 무죄로 풀려났다.

"오랜만이군, 야서." 슐레징거가 말했다.

"변호사 선생, 미안하게 됐소." 야서가 말했다. 그는 얇은 가죽장갑을 끼고 있었다. "중국인들이 보냈소. 당신도 규칙은 잘 알고 있을 테지."

"그렇소." 슐레징거가 말했다.

"빚을 갚을 돈이 있소?"

"아니."

"술 취했소?" 야서가 물었다.

"아직은 아니요. 법원에 갔다 오는 길이지."

"미안하게 됐소." 야서가 다시 한 번 말했다. 그러고선 슐레징거의 배를 세게 때렸다. 그가 배를 움켜잡고 몸을 구부리자 이번엔 무릎을 걷어차고, 코를 으스러뜨린 후 콩팥 쪽에 한 번 더 주먹을 날렸다. 슐레징거는 그대로 바닥에 뻗었다.

"미안하게 됐소." 야서가 말했다.

"그래." 슐레징거가 말했다. 얼굴엔 피가 흘렀고 코는 부러졌다. 그는 아직 다 끝난 게 아니라는 걸 알고 있었다. 야서는 사진을 찍어 중국인들에게 보냈다. 그들은 항상 의심이 많아 모든 것을 증거로 남겨두길 원했다. 야서가 슐레징거의 얼굴을 발로 짓이겼다.

그가 의식을 찾았을 땐 사무실 소파 위였다. 얼굴 위에는 얼음을 넣어 매듭을 묶은 수건 한 장이 놓여 있었다. 녹은 얼음에서 떨어진 물방울이 귀로 흘러내려 그의 스웨터가 가슴팍까지 젖어 있었다. 야서가 탕비실에서 커피 한 잔을 내와 슐레징거 앞에 앉았다.

"사무실 꼴이 말이 아니군요." 야서가 말했다.

슐레징거는 몸을 일으키려 애썼지만 몸이 말을 듣질 않았다.

"그냥 누워 있으시오." 야서가 커피를 마시며 말했다. "변호사 양반, 나는 당신을 좋아하오. 하지만 돈은 갚아야지. 중국인들이 다음번엔

왜 살인자에게 무죄를 선고했을까?

발가락 하나를 잘라 오라고 시켰소. 그리고 거기서 끝나지 않을 겁니다. 발가락, 손가락, 손모가지…… 그다음은 당신이 더 잘 알겠지."

"무슨 소린지 이해했소, 야서."

"어떤 영화를 보니까 거기 나오는 사람들은 항상 이렇게 말하더군. '사적인 감정은 없어.' 그땐 그 말을 이해할 수 없었소. 인생은 전부 사적인 거니까. 그런데 말이요, 이번엔 정말 당신을 해치고 싶지 않소."

"이해했소."

"어디 돈 나올 데 좀 없소?" 야서가 물었다.

"있을 것 같군." 슐레징거가 말했다.

"나는 일주일밖에 더 줄 수가 없소." 야서가 말했다. "내 말 이해했소?" 슐레징거가 고개를 끄덕였다.

"이해했으면 따라 하시오."

"일주일" 슐레징거가 따라 말했다. 그는 다시 정신을 잃을까 걱정이 됐다.

"당신은 술을 좀 끊어야 해." 야서가 자리에서 일어나 커피잔을 의자에 올려놓으며 말했다.

슐레징거는 눈을 감았다.

"서류는 당신 책상 위에 올려놨소이다. 당신이 정신을 잃은 사이에 내가 좀 훑어보았지."

슐레징거는 야서가 글을 거의 못 읽는다는 걸 알고 있었다. 그는 똑똑한 사내였지만 학교에 다닌 적이 없었다.

"편이 틀렸더군." 야서가 말했다.

슐레징거는 그의 말을 이해할 수 없었다. 그저 자고 싶은 마음뿐이었다.

"돈이 생기면 곧장 중국인들에게 갖고 오쇼. 아니면 나한테 전화를 하든지, 내 번호는 잘 갖고 있겠지." 야서는 마지막까지 당부했다.

슐레징거는 야서가 밖에서 문을 닫는 소리까지 듣고는 까무룩 잠에 빠졌다.

다음 날 아침 그는 병원 응급실에 가서 머리와 몸통, 그리고 콩팥을 엑스레이로 찍었다. 의사는 슐레징거에게 운이 좋았다고 말했다. 진통제를 처방받고 코와 이마의 상처에 반창고를 붙였다.

슐레징거는 전당포에서 결혼 10주년 기념으로 아내한테 선물 받은 손목시계를 저당 잡고 중국 식당으로 가서 돈을 갚았다. 중국인은 그 돈을 세 번 세더니 서랍에 넣고 슐레징거가 쓴 차용증을 돌려줬다. "조만간 다시 오시오." 그가 말했다. "이곳은 언제나 당신을 환영하오."

슐레징거는 남은 한나절을 소파에서 보내다 저녁 무렵에나 일어나 책상에서 조서를 읽으려 애썼다. 글씨가 눈앞에서 가물거렸다. 슐레징거는 인생이 무너지는 건 순식간이라는 걸 잘 알고 있었다. 그리고 이번 의뢰가 그에겐 마지막 기회였다. 물론 무작위로 배당된 국선변호이긴 했지만 그래도 '진짜' 사건이었고 재판에서 이길 자신이 있었다. 그는 진통제를 두 알 더 삼키고선 낡은 청바지와 티셔츠로 갈아입고 새벽 5시까지 사무실을 정리했다. 술병을 모아 남은 술을 모두 하수구에 털어넣고 커다란 봉투 다섯 개에 쓰레기를 몽땅 쓸어 담아 분리수거함에 갖다 버렸다. 청소기로 바닥을 쓸고 욕실과 탕비실도 닦았다. 더러운 옷가지들은 짐 가방 두 개에 싸서 세탁소에 맡길 참이었다. 마지막으로 책상 위 서류 더미까지 정리한 다음, 그는 소파에 다시 한 시간쯤 몸을 뉘었다.

다음 날 그는 차를 타고 구치소로 갔다. 의뢰인은 상처투성이인 그의 꼴을 보고 기함했다. 슐레징거는 교통사고가 났는데 그리 심각한 건 아니라고 둘러대고는 수사 기록을 읽어주었다. 내용 하나하나가 모두 그녀에게 불리한 말을 하고 있었다. 그녀 남편이 하던 사업은 빚더미에 올라 있었고 그는 주식과 선물 투자에 실패해 돈을 많이 잃었다. 은행에서 더는 신용 대출을 해주지 않아서 집을 담보로 이자가 높은 융자까지 얻었다. 의뢰인은 그가 사업 실패를 감당할 수 없자 경제적 부담감이 그를 미칠 지경으로 몰아갔고 그로 인해 자주 다퉜다고 말했다. 현장에서 발견된 총기는 그녀가 아버지로부터 받은 것이었다. 아버지는 그녀에게 총 관리법을 알려주었고 아버지가 죽은 후로는 그녀가 두어 번 권총을 닦았을 뿐 침실 서랍에 보관만 하고 있었다. 경찰 조사에서도 똑같이 말했으며 그 이상은 그녀도 아는 바가 없었다.

슐레징거는 조서 속 사진들을 확대 복사해 사무실 벽에 붙여놓고 몇 시간 동안 그것을 응시했다. 하지만 야서가 했던 말의 의미를 도통 이해할 수가 없었다. 조서를 읽고 또 읽어 이제는 거의 외울 지경이었다. 그는 어떻게든 증거의 허점을 찾아내 피고인이 빠져나올 출구를 만들어야 했다. 그러나 3주 후에 그는 결국 포기했다. 어느덧 바깥 날씨가 쌀쌀해진 게 베를린 특유의 어두침침한 겨울이 벌써 시작되었다. 슐레징거는 외투를 입고 중국 식당으로 향했다. 다시 게임을 하고 술을 마시며 자신이 어떤 사람이 되고자 결심했는지 잊으려 했다.

식당 문 앞에 야서가 서 있었다.

"여길 들어가면 안 될 텐데." 야서가 말했다.

"상관 마!" 슐레징거가 말했다.

"벌써 포기한 거요?"

"내 의뢰인이 한 거야. 그녀가 뒤에서 남편 머리를 쐈어. 그것밖에는 달리 설명할 길이 없다고! 우린 질 거야……."

야서가 고개를 흔들었다. "변호사 양반, 당신은 멍청이요. 따라오시오." 그가 말했다.

"어디로?"

"뭘 좀 먹읍시다. 돈은 당신이 내고."

그들은 야서의 벤틀리를 타고 베를린 최고 번화가인 쿠르퓌르스텐담에서도 가장 비싼 해산물 식당으로 갔다. 야서는 굴 요리와 화이트 와인을, 슐레징거는 달랑 생선 수프 한 그릇을 주문했다.

"여기 굴이 싱싱하고 좋은데." 야서가 말했다. "주인이 직접 새벽 3시에 어시장에 나가서 사 온다 말이요. 굴 좀 먹어보겠소?"

"됐어." 슐레징거가 말했다.

"그래도 한번 먹어보지."

"먹고 싶지 않아."

야서는 굴 하나를 작은 접시에 덜어 슐레징거 쪽으로 밀며 말했다. "먹으시오."

"소금과 날생선, 그리고 쇠 맛이 나는군." 슐레징거가 말했다. 그는 굴을 다시 뱉어내고 싶었다.

"화이트와인을 같이 마셔야지." 야서가 말했다. "어때, 한잔하겠소?"

"적어도 더는 안 마셔야지." 슐레징거가 말했다.

"그렇군." 야서는 말없이 계속 먹었다. 식사를 다 마치고서야 드디어 입을 열었다. "변호사 양반, 그건 편이 틀렸소. 아주 간단해."

"그 말은 저번에도 했었지. 그런데 그게 무슨 말인지 모르겠어." 슐레징거가 말했다. "편이 틀렸다는 게 도대체 무슨 뜻이야?"

야서가 몸을 약간 숙이더니 물었다. "계산은 당신이 하는 거지?"

"그래." 슐레징거가 말했다.

한 시간 후 야서는 그를 사무실로 데려다줬다. 슐레징거는 곧장 소파에 누워 그 사건을 맡은 이후 처음으로 열두 시간을 내리 잤다.

▼ ▲ ▼

여덟 달 후 공판이 시작되었다. 언론은 피고인의 혐의가 명백하다는 내용을 꽤 구체적으로 보도했다. 그중 하나에는 검사의 인터뷰도 실렸다. 수사관들이 사건이 있던 날 슈퍼마켓에서 부부가 소리를 지르며 싸우는 걸 봤다고 진술한 증인을 찾은 것으로 알려졌다. 생명 보험을 체결한 보험 설계사는 남편이 죽기 전 엄청난 압박감에 시달려서 매우 초조해 보였다고 말했다. 경찰관들은 피고가 눈에 띄게 냉정했다고 묘사했고, 정신과 전문의는 그녀는 자신의 행위에 책임을 질 수 있는 능력이 충분한 상태라고 진단했다. 슐레징거는 재판이 진행되는 동안 조용히 의뢰인 옆에 앉아 있었다. 어떠한 질문도, 요청도 하지 않았다.

다섯 번째 공판 날 아침 재판장이 말했다. "증인 목록에 따르면 오늘 총기 감식 전문가의 증언을 마지막으로 증인신문은 이로써 끝입니다. 소송 관계인들로부터 또 다른 요청이 있습니까? 변호인, 요청 사항이 있습니까?"

슐레징거는 고개를 흔들었다. 재판장은 눈동자를 위로 쳐들었다.

"그럼 좋아요, 이제 전문가를 입장시키시오." 그가 경위에게 말했다.

전문가는 증인석에 앉아 신분을 밝혔다. 재판장은 그에게 진실만을 말할 것을 당부했다.

"내가 기록을 정확하게 읽은 거라면 당신은 현재 범죄 공학 연구소에서 일하고 있군요." 재판장이 말했다.

"네, 전문 분야는 총기 감식 업무와 탄도, 총기 그리고 탄약에 관련

왜 살인자에게 무죄를 선고했을까?

한 기술 연구입니다."

"당신이 이 사건에 관련된 총기와 탄환의 조사를 맡았죠?" 재판장이 말했다.

"그렇습니다."

"총기에 관해 설명을 좀 해줄 수 있겠습니까?" 재판장이 물었다.

"범행에 사용된 권총에는 에프엔 브라우닝 에이치피(FN Browning HP)라는 표식이 있었습니다. 벨기에 에르스탈에 소재한 파브리크 나시오날에서 생산된 제품으로 대중적으로 널리 보급된 모델 중 하나입니다. 현재 50개가 넘는 나라의 군과 경찰에서 사용 중이고 1935년부터 생산돼 왔습니다."

"피해자의 두부에서 발견된 탄알이 그 총기에서 발사된 것입니까? 그리고 발견된 탄피는 그 탄알과 총기와 일치합니까?" 재판장이 물었다.

"우리는 하이파워를……"

"하이파워요?" 재판장이 말을 끊었다.

"브라우닝 권총은 하이파워라고도 불립니다. 표식 마지막 에이치피는 하이파워(High Power)의 약자입니다."

"그렇군요, 고맙습니다. 계속하세요."

"우리는 그 총을 수심 4m 수조에서 발포해봤습니다. 그렇게 해서 다른 흔적이 묻지 않은 상태로 탄알을 수거할 수 있었습니다. 그리고 그 탄알을 현장에서 발견된 탄피, 그리고 피해자의 두부에서 발견된 탄알과 각각 비교해보았습니다."

"그래서 어땠습니까?"

"총을 발사하면 탄피의 금속과 탄알에 자국이 남습니다. 총기가 작동하는 과정에서 생겨나는 흔적이지요. 먼저 현대식 총기의 내부는 일직선으로 매끈하게 생기지 않았다는 점을 알고 계셔야 합니다. 총열에는 나선형 홈이 파여 있습니다. 탄알을 회전시켜서 더 안정적으로 날아가게 하려는 목적입니다. 피해자의 두부에서 발견된 탄알에서는 나선형 홈 모양이 확인되었습니다. 그리고 비교 현미경으로 조사한 결과 바닥에 떨어져 있던 탄피에서도 공이에 맞은 흔적, 바닥에 추락한 흔적, 사출기에 눌린 흔적 등을 볼 수 있었습니다. 만일 그 방법으로 충분하지 않고 불확실한 구석이 있으면 시료 표면을 전자선으로 주사하여 입체 구조를 직접 관찰하는 주사전자현미경으로 한 번 더 확인하는 경우도 있습니다. 하지만 이번 건은 그렇게까지 할 필요가 없었습니다."

"이번 사건의 결론은 무엇입니까?" 재판장이 물었다.

"저는 피해자 두부에서 발견된 탄알과 현장에서 발견된 탄피가 시신 옆에 놓여 있던 총기와 일치한다고 확신합니다. 원하신다면 세부적으로 설명해드리겠습니다."

"고맙습니다, 충분히 이해했습니다." 재판장이 말했다. "증인에게 다른 질문 있습니까?"

검사는 고개를 흔들었다.

왜 살인자에게 무죄를 선고했을까?

"좋습니다, 그럼 나가십시오." 재판장이 말했다.

"아니요, 나가지 마십시오. 질문이 하나 있습니다." 지켜만 보던 슐레징거가 입을 뗐다.

"아, 용서하시오." 재판장이 말했다. 그는 놀란 표정이었다.

"슐레징거 씨, 당신이 지금까지 아무 질문도 하지 않아서 나는……어쨌든 좋습니다. 질문하십시오."

"제가 확대한 사진 두 장을 보여드려도 되겠습니까? 그러면 전문가의 감식 결과를 여기 있는 소송 관계인 모두가 쉽게 이해할 수 있을 것 같습니다. 슬라이드 14장과 15장에서 발췌한 사진 두 장입니다." 슐레징거는 상자 하나에서 사진을 꺼내며 말했다.

"네, 그래도 좋습니다." 재판장이 말했다.

슐레징거는 자리에서 일어나 준비한 이젤에 사진을 놓았다. 그리고 자리를 비켜 판사와 방청객들이 그 사진을 볼 수 있게 했다.

"이것은 탄알이 파고 들어간 사망자의 후두부입니다." 그는 첫 번째 사진을 가리키며 이렇게 말했다. "앞서 재판에서 의학 전문의가 설명했다시피 이른바 근접사 총상이라 불리는 상처입니다. 피부에 총알이 박히면서 생긴 사입구 주변으로 까만색 작은 원을 보실 수 있는데 이미 들으셨다시피 발포된 총기의 총구에서 나온 뜨거운 화약 연기로 생긴 자국입니다. 총구가 머리에 닿았거나 불과 몇 센티미터 떨어진 상태에서 발포되었을 경우 화약 연기는 이처럼 사입구 바로 옆으로 둥글게 결로됩니다. 제 설명이 맞습니까?"

"정확합니다." 전문가가 말했다. "이 사진으로 보았을 때 의심의 여지가 없는 근접사 총상입니다."

"변호인의 질문은 총기 전문가에게 적합하지 않습니다." 검사가 이의를 제기했다. "그리고 무엇보다 변호인이 말했다시피 우리는 같은 진술을 이미 의학 전문가에게서 들었습니다."

"좀 기다려보세요." 슐레징거가 말했다. "질문은 아직 하지 않았습니다."

슐레징거는 두 번째 사진을 가리켰다.

"이것은 당신의 동료가 시신이 발견된 현장에서 찍은 사진 중 하나입니다. 어느 호숫가 풀밭이지요. 지난 공판에서 우리가 이미 들었다시피 사건이 있기 얼마 전엔 제초작업이 있었습니다. 시신은 얼굴을 위로 한 채 반듯하게 누워 있는 상태로 발견되었고요. 여기까지 이해하셨습니까?" 슐레징거가 물었다.

"네." 전문가가 말했다.

"감식할 때 이 사진도 보셨습니까?"

"아니요. 제 업무는 그저 탄알과 탄피, 그리고 총기를 감식하는 것이었습니다. 제가 받은 것은 그것들뿐이었고 사진은 보지 못했습니다. 그 사진은 감식 작업과 무관합니다."

"저도 역시 그렇게 생각합니다. 완전히 무관합니다. 그래서 대체 질문이 뭡니까?" 검사가 끼어들며 말했다. "우리를 어디까지 끌고 가려는 겁니까?"

왜 살인자에게 무죄를 선고했을까?

"자꾸 끼어들지 마세요!" 슐레징거는 단호하게 말했다. 그는 다시 전문가에게 몸을 돌려 말을 이어나갔다. "이제 사진에 작은 번호판을 보시죠. 1번은 권총이 발견된 곳이고 2번은 탄피가 발견된 곳입니다."

"사진으로 보이는 바에 의하면 저건 제가 감식한 브라우닝 권총으로 보입니다." 전문가가 말했다.

"맞습니다. 경찰 조서에도 그렇게 나와 있습니다." 슐레징거가 말했다. 그는 재판장 쪽으로 몸을 돌렸다. "실제 총기를 한번 볼 수 있을까요?"

재판장은 판사석 뒤에 서 있는 선반으로 가서 마분지 상자 하나에서 권총을 꺼냈다. 총은 속이 들여다보이는 비닐 가방에 들어 있었다.

"조사해도 좋습니다." 재판장은 총을 꺼내 슐레징거에게 주었다.

"고맙습니다." 슐레징거는 권총을 전문가가 앉은 책상 위에 올렸다. "이게 그 총입니까?"

전문가는 권총을 손에 들고 동시에 자신의 감식 보고서를 내려다보았다.

"네, 일련번호가 일치합니다."

"그런데 전문가 선생님, 제가 도무지 이해할 수 없는 게 있습니다. 저를 좀 도와주시지요. 총신 오른편에 구멍이 하나 있는데 이건 무슨 용도입니까?"

"탄피 배출구라고 부르는 것입니다."

"우리가 이해할 수 있게 자세한 설명 부탁드립니다."

"탄알이 발사되면 총의 슬라이드가 후퇴합니다. 그때 갈고리가 빈 탄피를 약실에서 끄집어내고 이젝터라 부르는 단단한 금속 축이 눌리면서 탄피가 잠금 장치에서 배출됩니다."

"그 말은 빈 탄피가 총의 측면으로 날아간다는 뜻이죠?"

"네, 그렇게 말할 수 있습니다."

"그리고 구멍이 오른편에 나 있기 때문에 탄피 또한 오른편으로 배출된다는 뜻이기도 합니다."

"네."

"탄피가 어느 정도의 속도로, 얼마나 많이 날아가는지도 아십니까?"

"아니요, 그건 측정을 해야 알 수 있습니다."

"당연하지요. 하지만 현실적인 가정하에서 탄피가 1미터가량 날아간다고 말할 수 있지 않나요?"

"대충 그렇습니다."

"좋습니다, 전문 서적에도 그렇게 나와 있더군요."

슐레징거는 천천히 법정을 가로질러 다시 사진 앞으로 돌아갔다.

"전문가적 식견으로 다시 한 번 사진을 확인해주시길 바랍니다. 탄피는 실제로 총기로부터 1미터가량 떨어진 풀밭에 놓여 있었습니다. 날아가던 탄피가 무언가에 부딪혀 튕겨나갈 가능성은 없습니다. 왜냐하면 보시다시피 주변엔 나무나 그 어떤 장애물도 없기 때문입니다."

"맞습니다." 전문가가 말했다.

"이제 마지막으로 다시 한 번만 더 정확하게 봐주십시오." 슐레징거의 목소리가 작아졌다. 판사들과 배심원, 검사도 모두 사진 쪽으로 몸을 돌렸다.

슐레징거는 잠시 기다렸다가 다시 입을 열었다.

"알아보시겠습니까? 탄피는 시신의 오른편에 놓여 있지 않았습니다. 시신으로부터 1미터쯤 떨어진 곳에, 그러나 왼편에 놓여 있었습니다."

"그건······" 검사는 낮은 목소리로 무슨 말을 하려다가 황급히 서류를 넘겼다.

슐레징거는 변호인석으로 되돌아갔다.

"실제로 사망한 남성이 뒤에서 쏜 총에 맞았다면······" 그가 말했다. "탄피는 시신의 오른편에 놓여 있어야 합니다."

"저도 그 말이 옳다고 생각합니다." 전문가가 말했다.

"그렇다면 그게 왼편에 놓여 있던 건 어떻게 된 일일까요?" 슐레징거가 물었다.

전문가는 잠시 생각에 잠겼다가 말을 시작했다. "저로선 설명할 길이 없습니다."

"아니요, 논리적으로 설명할 수 있습니다." 슐레징거가 말했다.

"네?"

"이 남성이 <u>스스로</u> 총을 쏜 것입니다."

기자석과 방청석이 동시에 술렁였다. 재판장은 필기를 멈췄다. 모

두가 슐레징거만 뚫어져라 쳐다봤다.

"남성은 총을 잡을 때 실수를 했습니다. 권총 손잡이를 거꾸로 잡는 바람에 발사 후에 탄피가 왼편으로 떨어졌습니다. 이렇게 남성이 실수를 한 이유는 자기 뒤통수를 쏠 때 총을 거꾸로 잡을 수 밖에 없기 때문입니다. 총을 바로 잡고 자기 뒤통수를 쏘는 건 굉장히 어렵습니다."

슐레징거는 다시 말을 멈추고는 책상 위에 놓여 있던 권총을 손에 잡았다. 그는 슬라이드를 밀어 약실이 비어 있음을 한 번 더 확인하고선 총기를 자기 뒤통수에 갖다 댔다. 과연 슐레징거의 변론대로 손잡이가 거꾸로 뒤집어졌다.

"그 말이 맞습니다. 실제로 그렇게밖에 잡을 수가 없습니다." 전문가가 말했다.

"그렇죠."

슐레징거는 판사석과 배심원석을 향해 몸을 돌렸다.

"따라서 사망한 남성은 살인을 가장한 것입니다. 그렇게 했던 주요 동기는 공판을 통해 우리 모두가 알게 된 바와 같이 자신의 아내가 생명 보험금을 받도록 하는 것이었습니다."

다음 공판 날 슐레징거의 의뢰인은 무죄 판결을 받았다. 재판장은 경찰이 처음부터 살인 사건이라 단정해버린 탓에 다른 대안을 검증하지 않았다고 말했다. 이번 소송은 경솔하게 사건을 단정하는 경찰의 오랜 관행을 보여주었으며 모든 증거물은 매번 새롭게 해석될 수 있다는 것을 일깨워주는 사례라고도 했다. 그리고 현재 제출된 증거 상으로는 사망한 남성이 자살했을 가능성을 완전히 배제할 수 없다고 판단했다. 검사는 항소하지 않았다.

무죄 판결이 있고 난 뒤 슐레징거는 한 번 더 야서에게 점심을 샀다. 야서는 재판에 대해 궁금해했고 처음부터 끝까지 세부사항을 하나하나 알고 싶어 했다. 마지막으로 슐레징거가 물었다.

"어떻게 그렇게 빨리 알아챌 수 있었소?"

"그것까지 알고 싶진 않을 거요, 변호사 양반." 야서가 말했다.

무죄추정의 원칙
대한민국 헌법 제27조 4항

형사피고인은 유죄의 판결이 확정될 때까지는 무죄로 추정된다.

Story 4

리디아

"다른 남자를 알게 되었어." 마이어벡의 아내가 말했다. 일요일 오전, 그녀의 접시엔 오븐에 바삭하게 데운 빵이 놓여 있었지만 그녀는 건드리지도 않았다. 반면 마이어벡은 배가 고팠기 때문에 그녀가 아주 빠르게 말하는 동안 빵을 먹었다. 마이어벡은 어렸을 때부터 말을 더듬는 버릇이 있었는데 아무도 그의 말에 귀기울이지 않을 때만 말이 술술 나왔다.

우리는 오늘 호숫가로 소풍을 나갈 수 있었어, 마이어벡은 혼자 생각했다. 그럼 아내는 잡지를 읽고 그는 하늘을 쳐다보며 앉아 있을 수 있었을 것이다. 호숫가에선 모든 게 여느 때처럼 흘러갔을 것이다. 그러다 그들은 피자 가게로 가서 가게 뒷마당에 앉아 차가운 맥주를 마셨을 것이다. 그의 아내는 자신도 어쩔 수 없었다며 울기 시작했다. 그들은 이미 오랜 시간을 함께 보낸 사이였다. 마이어벡은 말없이 자리에서 일어나 바지 주머니에 손을 넣고 부엌에 난 창을 내다보았다.

넉 달 후, 마이어벡은 이사를 했다. 방 하나에 거실 하나, 부엌과 욕실, 베란다가 딸린 집은 5층이었다. 새집 주인과 이야기를 하고, 우편함에 명패도 새로 달고, 은행 저축 계좌 명의를 변경하는 이 모든 일은 이젠 그의 아내가 아니게 된, 아내가 했다. 첫날 밤 그는 부엌 찬장을 열어 그녀가 사다놓은 접시를 바라보았다. 접시가 아주 많았다. 마이어벡은 의자에 앉아 결혼하고 끊었던 담배를 다시 피우기 시작했다. 집은 마이어벡이 13년째 일하고 있는 회사와 그리 멀지 않았다. 지하철로 두 정거장을 간 다음 조금만 더 걸으면 되는 거리였다. 그의 자리는 탕비실 바로 옆자리로 에어컨은 있지만 창문이 없어서 빛이라곤 전등에서만 들어왔다. 회사에서 그는 최고의 프로그래머로 꼽혔지만 과장 승진에선 탈락했다. 마이어벡은 인간관계에 서툴러 업무 지시도 문서로 받는 편을 선호했다. 이제 점심시간마다 그는 구내식당으로 간다. 천장이 높아 너무 시끄럽게 느껴지는 구내식당은 그가 크리스마스 파티 날에나 가던 곳이었다. 그리고 저녁은 주로 패스트푸드 식당에서 먹었다. 집에선 텔레비전을 보고 주말이면 가끔 영화관에도 갔지만 호숫가에는 더 이상 가지 않았다.

마흔다섯 번째 생일날 그는 아내로부터 문자 메시지를 받았고 저축을 예금해둔 은행으로부터 대량으로 인쇄된 축하 카드 한 장을 받았다. 회사 직속 상사는 슈퍼마켓에서 파는 초콜릿 한 상자를 선물하며 그에게 외롭지 않은지 물었다. "마이어벡 씨, 항상 혼자잖아요. 사람이 그럴 순 없어요." 마이어벡은 대꾸하지 않았다. 일요일 저녁 텔

왜 살인자에게 무죄를 선고했을까?

레비전에서는 러브바디 인형*에 관한 심층 보도가 나왔다. 마이어벡은 방송이 채 끝나기도 전에 노트북을 켜서 제조사의 홈페이지를 뒤지기 시작했다. 그는 새벽 5시까지 인터넷 게시판을 들락날락하며 구매자들의 후기를 꼼꼼히 읽었다. 다음 날 그는 회사에서 여러모로 업무에 집중할 수가 없었고 평소보다 일찍 퇴근했다. 집으로 곧장 가서 노트북을 켠 마이어벡은 계속 새로운 조합으로 인형을 만들었다. 얼굴은 물론 가슴 크기, 피부 톤('창백한'부터 '초콜릿색'까지), 입술('살구색', '장미색', '빨간색', '구리색', '자연색' 등)과 손톱, 그리고 눈동자에 모발 색까지 전부 자기 취향대로 골라 인형을 만들 수 있었다. 음부의 유형 또한 무려 열한 가지나 됐다. 회사를 다니면서 그는 처음으로 병가를 냈다. 한두 시간 잠을 자고 일어나자 인형 이름이 떠올랐다. 리디아.

8주 후 드디어 소포가 배달됐고 마이어벡은 또 하루 연차를 냈다. 인형은 꽤나 무거운 게 얼추 50킬로그램은 나갈 것 같았다. 그는 인형을 감싸고 있던 부드러운 천을 벗기고 속옷만 걸친 그녀의 모습을 보며 기뻐했다. 그녀를 박스에서 꺼내 소파에 앉힌 다음 자신의 목욕 가운을 들고 와 그녀의 어깨에 걸쳐주었다. 그는 사용 설명서를 처음부터 끝까지 꼼꼼히 읽었다. 그녀는 철골 구조로 돼 있기 때문에 '부자연스러운 관절 꺾기는 삼가야' 하며 피부에는 정기적으로 얇게 파우더를 발라줘야 '뽀송뽀송하고', '생기 있는' 외모를 유지할 수 있다

---

* 사람의 신체 모양을 본뜬 인형. 주로 성욕 해소 용도로 쓰인다.

고 했다. 한 시간쯤 후 마이어벡은 거실로 돌아와 포장 박스를 접어 분리수거함에 넣었다. 그러고선 현관을 통해 다시 집으로 들어와 인형을 쳐다보지 않고 곧바로 텔레비전을 켰다.

리디아가 온 지 열흘이 지나서야 마이어벡은 처음으로 그녀와 한 침대에서 잤다. 3주 후 그는 그녀를 위해 인터넷으로 원피스와 속옷, 신발, 잠옷 그리고 스카프를 주문했다. 이제 마이어벡은 저녁을 먹으러 식당에 가지 않으려고 요리를 배웠고 종종 그녀와 함께 로맨스 영화도 봤다. 그는 늘 그녀 곁에 있고 싶었다. 회사에서는 온통 머릿속에 그녀 생각뿐이었으며 월요일마다 꽃을 사다 안겼다. 저녁이면 하루 동안 있었던 일을 늘어놓았다. 그렇게 한두 주가 지나자 그녀 앞에서 더 이상 말을 더듬지 않게 되었다. 그는 몸매를 유지하기 위해 가정용 운동기구도 구입했고 밤엔 그녀와 함께 침대에 누워 미래를 떠올리며 그가 사려고 마음먹은 집에 대해 이야기했다. 그는 그녀가 마당에서 다른 사람을 신경 쓰지 않고 마음껏 햇볕을 쬘 수 있게 해줄 셈이었다.

늦여름 어느 따뜻했던 오후, 마이어벡은 길을 걷다 넥타이를 풀고 셔츠 맨 위 단추를 풀었다. 이전이라면 절대 하지 않았을 행동이었다. 며칠 전 그는 리디아를 위해 샴페인과 장미 열두 송이를 샀다. 그날은 그녀의 생일, 즉 그녀가 그의 곁에 머문 지 열두 달이 되던 날이었다. '정말 멋진 한 해'였다고, 그는 생각했다.

그의 집 베란다 문이 열려 있었다. 거실 소파 등받이 위에 놓인 인형은 원피스와 속옷이 갈가리 찢어지고 머리는 180도 돌아갔으며 다리는 양쪽으로 벌어진 상태였다. 입과 항문, 그리고 음부에는 마이어벡의 촛대에서 꺼낸 양초가 꽂혀 있었다. 거실 탁자에 그가 그녀를 위해 산 빨간 립스틱으로 이렇게 적혀 있었다.

'음탕한 암퇘지'

마이어벡은 그게 이웃의 소행이라는 걸 단번에 알아챘다. 이웃집 남자 하나가 종종 자기 집을 훔쳐보려고 발코니 난간에 몸을 구부리고 있다가 들키곤 했었다. 그는 양초를 꺼내고 리디아의 다리와 목을 조심스럽게 되돌려놓았다. 마치 의사처럼 그녀의 몸 이곳저곳을 촉진하고 철골 구조 어디가 부러지진 않았는지 유심히 살펴보았다. 그는 그녀를 품에 안고 욕실로 가 욕조에 물을 받았다. 부드러운 스펀지로 그녀의 몸을 닦고 몸에 난 구멍 안을 헹구고 드라이어로 머리카락을 말려주며 두 시간 넘게 목욕을 시켰다. 문득문득 차오르는 눈물을 그녀에게 들키지 않으려고 여러 번 욕실 밖으로 나오기도 했다. 목욕을 끝낸 그는 조심스레 그녀를 침대에 눕히고 피부에 파우더를 칠하면서 온몸을 마사지해주었다. 그러고선 잠옷을 입히고 이불을 덮어준 다음 불을 껐다. 거실로 나온 그는 찢어진 옷가지와 양초를 쓰레기봉투에 담고 립스틱 자국이 보이지 않을 때까지 거실 탁자를 박박 닦았다. 베란다 문에는 못질을 했다. 이날 밤 마이어벡은 거실 소파에서 잠이 들었다. 몇 번이고 자다 깨서 리디아를 살피곤 했다. 나중에는 아예 침대 옆에 의자를 끌어다 놓고는 거기에 앉아 그녀의 손을 잡았다.

다음 날 그는 가족에게 일이 생겼다며 회사에 휴가를 내고 며칠 동안 리디아 곁을 지켰다. 텔레비전을 침실로 옮기고 때로는 책도 읽어주었다.

4주 후 마이어벡의 이웃집 남자가 응급실로 실려 갔다. 갈비뼈 두 대와 왼쪽 쇄골이 부러졌고 고환이 터졌으며 양쪽 송곳니가 나갔다. 오른쪽 눈꺼풀 위는 찢어져 여덟 바늘을 꿰매야 했다. 응급실 의사가 기록한 바에 따르면, 그가 자기 집 앞에 이런 모습으로 뻗어 있는 것을 이웃집 여자가 발견하고 신고했다. 경찰관들은 같은 건물 주민들을 탐문했다. 그들이 마이어벡의 집 초인종을 누르자 그는 문을 열고 아무 말도 하지 않았다. 대신 피범벅이 된 야구 배트가 들어 있는 비닐봉지 하나를 조용히 내밀었다. 경찰관들은 그에게 바로 수갑을 채우고 바닥에 눌러 제압했다. 그가 저항하지 않자 경관들은 그가 도주할 우려나 위협이 될 만한 점이 없다는 것을 확인하고서 그를 앉혔다. 침실에는 인형이 침대에 누워 있었다. 마이어벡은 곁에서 보초를 서던 중이었다. 한 시간 후 여자 경관은 마이어벡과 대화를 나누면서 그

에게 전과가 없고 확실한 직장이 있으며 이혼했다는 것을 알게 되었다. 사용된 야구 배트는 인터넷으로 샀고 영수증은 비닐봉지에 함께 들어 있었다. 처음에 그는 말을 너무 심하게 더듬어서 이름조차 제대로 발음하지 못할 지경이었지만 여자 경관은 마이어벡에게 충분한 시간을 주고 기다려주었다. 그녀는 그에게 인형의 이름이 뭐냐고 물었고 그가 처음으로 고개를 들었다. 그리고 그가 "리디아." 라고 대답한 다음부턴 이야기가 한결 쉽게 풀렸다.

검사는 마이어벡을 상해 혐의로 기소했다. 이 사건은 배심 재판소에 배당되었고 재판은 사건이 있은 지 열 달 후에 열렸다. 이제 모든 걸 하나하나 말할 수 있어, 마이어벡은 생각했다. 그는 법정에서 할 말을 몇 번이고 리디아 앞에서 연습했지만 막상 닥치고 보니 가장 간단한 문장조차 제대로 말할 수가 없었다. 그는 재판장이 혐의를 인정하냐고 묻는 말에 그저 고개만 끄덕였다. 이웃집 남자는 아프다는 진단서만 제출하고 재판에 나오지 않았고 여자 경관이 증인으로 나왔다. 그녀는 수사 경과와 마이어벡을 신문한 내용을 설명했다. 마이어벡은 즉각 모든 것을 인정했으며 그녀는 그가 정신에 이상이 있다곤 생각지 않는다고 말했다. '그는 그저 외로운 남자일 뿐'이라고 말했다. 법정은 정신과 전문의를 증인으로 불러 의견을 청취했다. 재판장은 그에게 마이어벡이 위험한지를 물었다.

"별스러운 일이긴 하지요." 정신과 의사는 말했다. "하지만 인형을 사랑하는 게 위험한 일은 아닙니다."

왜 살인자에게 무죄를 선고했을까?

"종종 있는 일입니까?" 재판장이 물었다.

"최근 20년간……" 전문가는 설명을 시작했다. "인간의 신체를 본 따 실리콘과 알루미늄 혹은 강철로 인형을 제작하는 일은 하나의 산업이 되었습니다. 인형 하나의 가격은 3,500유로에서 15,000유로 사이입니다. 인형은 러시아, 독일, 프랑스, 일본, 영국, 미국 등 세계 각국에서 생산되고 있고 조만간 말도 할 수 있도록 컴퓨터가 내장된 모델까지 출시될 예정입니다. 이와 관련해서 충분한 학문적 연구는 아직 이뤄지지 않았습니다. 하지만 조사 결과에 따르면 주 고객층은 40세에서 65세 사이 백인, 독거 생활자, 그리고 이성애자로 분류됩니다. 제조사의 홈페이지는 이 인형을 주로 자위나 섹스를 위한 용도로 소개하고 있습니다만, 인형을 산 사람들이 인형과 성적 관계를 넘어선 진지한 관계를 형성하는 경우도 드물지 않습니다. 어떤 사람들에게 인형은 인생의 동반자가 되기도 합니다. 일본에선 심지어 인형 주인이 진짜 사람과 결혼을 하게 되자 인형에게 장례까지 치러준 사례도 있었습니다."

마이어벡은 검사가 고개를 절레절레 흔드는 것을 보았다.

"아갈마토필리아, 즉 동상이나 인형을 사랑하는 행위는 페티시즘의 일종입니다. 전문 용어로 생명이 없는 대상에게 성애를 느끼는 성향을 가리키지요." 정신과 의사가 말했다.

"그 남자들은 그걸로 만족이 됩니까?" 재판장이 물었다. "인형은 사랑을 준다 한들 반응이 없지 않소."

"우리가 사랑에 빠진다는 것은 매우 복잡한 사건입니다. 일단 우리는 상대 그 자체가 아니라 우리가 만든 상대의 이미지와 사랑에 빠집니다. 그리고 그 이미지가 현실에 잠식당할 때, 쉽게 말해 우리가 그 사람이 실제로는 다른 사람이었다는 것을 깨닫게 될 때, 그 관계엔 위기가 오게 되죠." 전문가가 말했다. "미국에선 지극히 정상적인 삶을 사는 여성이 교도소에 복역 중인 재소자와 결혼하는 일이 종종 일어납니다. 여성들은 대부분 파트너를 구하는 신문 광고를 통해 남자를 알게 되죠. 그들 또한 자신의 배우자와 함께 사는 일이 영영 불가능할 수도 있다는 점을 잘 알고 있습니다. 그래도 그들의 관계는 견고하죠. 이는 마이어벡 씨와도 비슷한 현상입니다. 재소자를 향한 여성의 사랑이 현실에서 절대 검증되지 않는 것처럼 마이어벡 씨와 인형의 관계도 결코 현실이 될 수 없죠. 어쩌면 그래서 그의 사랑이 견고하게 지켜질 수 있는 것인지도 모릅니다. 행복한 관계가 변치 않고 유지되는 것이죠."

마이어벡은 징역 6개월을 선고받았으나 집행유예로 풀려났다. 재판장은 누구나 자신이 옳다고 생각하는 방식으로 자기 삶을 꾸려갈 권리가 있으며 그것이 다른 사람에게 해를 끼치지 않는 한 국가는 간섭할 수 없다고 말했다. "그렇지만 우리는 당신이 저지른 행동이 유죄라고 판단합니다. 우리는 당신이 인형에 대한 기물 파손을 배우자에 대한 공격으로 받아들였다고 확신하고 당신의 행동이 아내가 능욕을 당한 남편이 저질렀을 법한 행동보다 더 과격했다고도 생각하지 않습니다. 그러나 리디아가 진짜 사람이었다 해도 당신의 행동은 정당화될 수 없습니다. 정당방위는 공격을 받는 그 순간, 혹은 공격이 임박한 순간에만 인정되는데 당신이 이웃에게 저지른 범행은 이미 한참 전에 일어난 일에 대한 반응이므로 당신이 정당방위권을 행사한 것으로 볼 수 없습니다. 그것은 복수입니다. 따라서 당시 행동의 의도는 우리가 이해할 수 있으나 우리의 법체계는 그것을 권리로 인정하지 않습니다."

집에 돌아온 마이어벡은 리디아와 단둘이 있고싶어서 커튼을 쳤다. 집행유예를 받았으니 그리 나쁘진 않다고, 그녀에게 말했다. 그는 재판에 관해, 그리고 배심원단과 그 앞에서 느꼈던 자신의 두려움에 관해 모두 말했다. 그리고 한참 후 그는 그녀의 머리를 팔로 감싸 안았다. '변치 않고 유지되는 행복한 관계', 그는 정신과 의사의 말을 떠올렸다. 마이어벡은 자신이 옳은 일 그리고 하지 않으면 안 될 일을 했으며 판사도 그렇게 말했다고 확신했다. 그리고 그들은 함께 잠이 들었다.

정당방위
대한민국 형법 제21조 1항
자기 또는 타인의 법익에 대한 현재의 부당한 침해를 방위하기 위한 행위는 상당한 이유가 있는 때에는 벌하지 아니한다.

Story 5

이웃

그동안 그들이 서로 떨어져 밤을 보낸 날은 손에 꼽을 정
도였다. 아침이면 그는 눈을 감은 채로 팔을 뻗어 아내의 손을 잡았고
아내 또한 아기가 반사작용을 하듯 반쯤 잠이 든 상태로 그의 손을 움
켜잡곤 했다. 24년간 그의 아침은 늘 그렇게 시작되었다.

침대 옆자리는 비어 있었다. 잠이 들어 또다시 잊어버린 것이다. 브
링크만은 일어나 앉아 전등 스위치를 켰다. 에밀리가 종아리에서 검
은색 반점을 발견했을 때 그녀는 쉰셋이었다. 피부암 종양이 림프샘
과 폐, 간으로 점점 퍼졌고 의사는 이를 '전이'라고 불렀다. 담당의
는 이미 손을 쓰기엔 수술도 별 의미가 없을 만큼 늦은 상태라고 말
했다. 한 달 후 그녀는 병원에 실려 갔고 하얀 베개 위에 놓인 그녀의
얼굴은 한 주 한 주 야위어갔다. 죽기 전에 그녀는 딱 한 번 정신을
차렸었다. 그녀는 침대 쪽으로 숙인 그의 머리를 두 손으로 감쌌다.
비록 그녀가 말을 하지는 못했지만 그는 그녀의 두려움을 알아차릴
수 있었다.
한 시간 반쯤 지나 기계에서 알람이 울리자 간호사 둘은 그녀의 침
대를 밀고 나갔다. 그는 함께 갈 수 없다고 했다. 그리고 한동안 아무

소식이 없었다. 아침이 되어서야 젊은 의사 하나가 병실로 들어왔다. "사망하셨습니다." 의사는 아내가 고통 없이 갔다는 설명을 덧붙였다. 하지만 그건 거짓말이었음을 그는 알았다. 브링크만은 병원 옷장에서 흰 바탕에 빨간 줄무늬가 그려진 아내의 캐리어를 꺼내 그녀의 잠옷과 화장품 그리고 머리빗을 챙겼다. 그녀가 더는 읽지 못한 책 몇 권도 있었다. 그는 그녀와 함께 그 책들에 관해 이야기하고 싶었다. 신접살림을 차렸던 집에서는 책상 하나를 반씩 나누어 쓰며 그때부터 그들은 단 한 번도 대화를 멈춘 적이 없었다.

집에 돌아온 그는 우체통에서 꺼낸 그녀의 우편물과 캐리어를 양손에 들고 현관에서 잠시 기다렸다. 어떤 일이 일어나길 기다렸지만 아무 일도 일어나지 않았다. 그는 우산꽂이 옆 의자에 앉아 딸들에게 전화했다. 딸들은 당장 오겠다고 했지만 그럴 필요 없다며 괜찮다고, 그가 말했다. 새벽이 어슴푸레 밝아올 때까지 그는 깨어 있었다. 밤새 아내를 기다리고 있었다.

이틀 후 그는 마지막이자 다시 한 번 병원에서 그녀를 보았다. 그녀의 얼굴은 심각하지도, 그렇다고 평화롭지도 않아 보였다. 고통이 사라졌지만 유쾌함과 친절함도 사라진 얼굴이었다. 그는 그녀가 생전 원했던 대로 화장을 했고 장례식을 치르면서 죽음은 인간이 굴복해야만 하는 신비로운 무언가가 아니란 생각을 했다. 그녀가 세상을 떠난 지 몇 주, 그리고 몇 달이 지나서도 그는 꿈에서 그녀의 목소리를 들었다. 하지만 더 이상 유효한 것은 아무것도 없었다.

　　　　　　　왜 살인자에게 무죄를 선고했을까?

여느새 그로부터 4년이 지났다. 브링크만은 샤워 가운을 걸친 채로 부엌에서 커피를 끓여 잔을 들고 마당으로 나왔다. 아직 날이 밝지 않았다. 그는 화물선과 보트의 불빛이 가물대는 것을 한참 동안 잠자코 바라보았다. 그래서인지 샤워를 하다가 어지러움을 느껴 욕실 벽에 기대어 잠시 눈을 감았다. 어지러움이 사라지자 면도를 하고 옷을 입고 구두를 닦았다. 그는 아내 없이 홀로 지내며 시간을 낭비하게 될까 두려웠다. 그래서 일단 코트를 입고 열쇠를 챙긴 다음 무작정 집을 나섰다. 신문 가판대엔 나이 많은 주인이 계산대에 앉아 뜨개질을 하고 있었다. 에밀리는 항상 이 노부인의 자식에게는 물론 손주에 증손주들에게도 굵은 실로 짠 스웨터가 서랍 한가득일 거라고 상상하며 노부인에 대한 농담을 즐거워했었다. 그는 여주인에게 신문 한 부와 담배 한 갑을 산 뒤 강변 뒤로 난 긴 계단을 내려와 나란히 늘어선 이층 집들과 예쁜 정원을 지나 카페로 갔다. 간단한 조식 메뉴를 주문하고선 두 시간 동안 신문을 읽었다. 가끔 옆자리에 앉은 커플을 관찰하기도 했는데 남자는 휴대전화를 만지작거렸고 여자는 유리창 너머로 보이는 강물을 바라보고 있었다. 브링크만이 어릴 적 아버지와 함께 이곳에 왔을 때는 밤에 종종 도선사와 운항사들이 강가에 둘러앉아 음식을 먹고 술을 마시고 있었다. 계산을 하고 집으로 돌아오는 길에 그는 언제나처럼 136개 계단을 하나하나 세어가며 도로로 올라왔다.

계단을 다 올라오자 숨이 찼다. 그러나 아직도 그에겐 하루가 고스란히 남아 있었다. 에밀리가 죽은 후부턴 하루하루가 한결같았다. 이상하고 공허한 하루. 딸들은 그의 생일에 카리브해를 돌아보는 크루즈 여행권을 선물했다. 그러나 그는 선상에서 진행되는 이런저런 오락 프로그램이나 갑판 수영장, 거대한 홀에서 먹어야 하는 저녁 식사 등 크루즈의 모든 것이 썩 흥미롭지 않아 거의 객실에만 머물렀다. 생일이 되자 승무원 하나가 식탁에 그를 위한 꽃과 선물을 올려두었지만 그는 그저 당황스러울 뿐이었다. 몇몇 여성이 말을 걸어와도 그는 모든 접촉을 차단했다.

그와는 맞지 않았던 크루즈 여행에서 돌아와보니, 옆집 주인이 바뀌어 있었다. 차고 앞에는 1960년대에 생산된 어두운 녹색의 재규어 컨버터블이 서 있었다. 며칠 뒤 옆집에 이사 온 새로운 이웃이 직접 구운 파운드 케이크를 들고 그의 집 초인종을 눌렀다. 그녀는 성을 생략한 채 이름만 소개했다.

"안토니아예요."

브링크만은 그녀에게 들어오라고 권한 후 마당에서 커피 한 잔을 대접했다. 그녀는 마침내 이 동네로 오게 되어 무척 기쁘다고 말했다. 한 번은 그의 팔꿈치 아래, 또 한 번은 그의 손에 자연스럽게 손을 대며 "엘베강이 내려다보이는 이 동네는 매물이 잘 나오지 않아서 우린 정말 오랫동안 이 동네를 뒤졌어요." 라고 그녀가 말했다. 그는 그녀의 말에 귀를 기울이려 애썼지만 집중할 수가 없었다. 30분 후 그녀

왜 살인자에게 무죄를 선고했을까?

는 깊게 파인 원피스 사이로 등을 내보이며 그의 집을 나섰다. 마당으로 난 문 앞에서 그녀가 다시 그를 향해 돌아서는 순간, 에밀리를 닮았군, 그는 생각했다. 높이 솟아오른 광대뼈, 웃음소리, 몸짓 등이 비슷해 보였다. "언제 한번 우리 집에도 들러주시면 기쁠 거예요." 그녀가 말했다.

그리고 여름이 시작되었다. 옆집 수영장은 리모델링을 마쳤다. 조명이 설치되었고 바닥엔 밝은색 타일이 깔렸다. 브링크만은 밤마다 발코니에서 옆집 수영장의 청록색 물을 바라보았다.

▼ ▲ ▼

날이 본격적으로 더워진 첫날, 그는 고급 슈퍼마켓에서 에밀리가 즐겨 마시던 화이트와인 두 병을 사서 옆집으로 향했다. 밝은색 반바지와 흰 티셔츠를 입은 안토니아가 문을 열었다. 그녀는 브래지어를 하지 않은 듯했고 반바지 아래로는 태닝한 갈색 다리가 반짝반짝 빛났다. 집은 U자 형태로 1920년대에 지어진 방갈로식 주택이었는데 안마당 문을 열면 바로 엘베강으로 통했다. 그녀는 그에게 집을 구경시켜준 뒤 수영장으로 데려갔다. 그러고선 부엌에서 얼음 잔에 화이트와인을 담아왔다. 그는 와인을 마시면서 생기로 가득한 여자로군, 생각했다. 그녀는 그의 크루즈 여행 이야기에 깔깔댔다. 그녀의 웃음은 매우 밝고 행복해 보였다. 그러다가 그녀는 그에게 혹시 수영하고 싶은 마음이 있는지를 묻고는 수영하고 나면 정말 기분이 상쾌해서 좋을 거라고 권했다. 그러나 브링크만은 그녀에게 자기 몸이랑 가슴에 난 흰 털과 검버섯을 그녀에게 보이고 싶지 않았다. "나는 염소가 섞인 물엔 못 들어가요." 그가 말하는 동안 이마에서 흐르는 땀이 그의 눈으로 흘러 들어갔다. 그는 잠깐 화장실에 다녀와야겠다고 말했다. 욕실 용품을 올려두는 선반에는 향수병과 시칠리아에서 온 글리세린 비누, 그리고 커다란 조개가 놓여 있었다. 그는 손가락으로 조개를 열어보았다. 분홍빛이 도는 안쪽 면은 반들반들하고 따뜻했다. 브링크만은 고개를 세면대에 숙여 기분이 나아질 때까지 차가운 물로 목덜미를 씻었다. 그가 돌아왔을 때 그녀는 수영장 가장자리에 앉아 발만 물에 담그고 있었다. 그는 작열하는 태양을 더는 견디기가 힘들었다.

"정말 멋진 여름이 될 거예요." 그녀가 고개를 돌리며 말했다.

"미안하지만 이제 그만 가야겠소." 그가 말했다.

잠시 후 그는 베란다에서 노란 튜브 배를 타고 수영장에 떠 있는 그녀를 보았다. 손은 물에 담그고 눈은 감은 채였다. 태닝 오일을 바른 그녀의 몸이 햇빛에 반짝반짝 빛났다.

그 이후로 브링크만은 안토니아를 거의 매일같이 찾아갔다. 아침에는 카페에서 조식을 먹고 오후가 되면 그녀의 집으로 갔다. 항상 사탕이나 잡지, 책 같은 작은 선물도 챙겨갔다. 그들은 오후 한나절을 수영장에서 보냈다. 안토니아는 그가 와줘서, 자기 얘기를 잘 들어줘서 기쁘다고 말했다. 그녀는 그에게 자기가 어떻게 살았는지를 이야기해주었다. 그녀의 부모님은 고등학교 교사였고 그녀는 외동딸이었다. 그녀는 브링크만보다 더 젊은 자기 아버지 이야기를 곧잘 했다. 그녀의 아버지는 브링크만처럼 과묵한 사람으로 르네상스 시대의 피렌체에 관한 학술 서적을 집필했다고 했다. 어릴 때 그녀는 아버지와 함께 그 도시를 여러 번 방문했고 박물관과 성당을 몇 시간씩 돌아다니곤 했다고 말했다. 그녀가 그의 남편을 알게 된 것은 대학 시절이었다. 그녀에게 결혼은 구원 같은 것이었다. 수많은 남자를 더는 감당할 수 없었고 결혼으로 자신을 보호했다고 말했다. 그녀가 나체로 수영장 귀퉁이 대리석에 누워 있을 때면 그는 그게 자기에겐 아무 의미가 없다는 것처럼 행동했다. 그것이 그들 간의 암묵적 합의라고, 그는 생각했다.

그녀의 남편은 퇴근이 늦을 때가 대부분이었다. 그는 사무실에서 출발하기 전에 항상 전화를 했기에 브링크만은 그와 마주칠 일이 없었다. 주말에나 가끔 옆집 남자가 자동차 수리하는 것을 볼 수 있었다. 그는 차고에 아예 정비소를 차려놓았다. "그 사람은 그게 쉬는 거래요." 브링크만이 묻자 안토니아는 이렇게 대답했다.

한여름이 되자 그녀는 일주일간 친정집에 가 있었다. 그녀가 떠난 지 사흘째 되던 날, 재규어가 자동차용 잭 두 개로 들린 채 옆집 출입구에 서 있었다. 보행로엔 공구가 놓여 있었고 잔디밭엔 자동차에서 빼낸 앞바퀴 두 개가 주택 외벽에 기대어 서 있었다. 옆집 남자는 엔진룸 아래에 누워 있어서 브링크만에겐 그의 신발만 보였다. 노끈으로 밑창을 만든 에스파드리유였다.

"안녕하세요." 옆집 남자가 인사했다. 그는 작업 침대를 굴려 자동차 아래에서 빠져나와 몸을 일으켰다. 그의 얼굴과 손이 온통 기름으로 얼룩져 있었다.

"악수를 청하지 않는 게 낫겠네요."

이 남자는 비행기 기장처럼 생겼다고, 브링크만은 생각했다.

"어르신 얘기는 정말 많이 들었습니다. 안토니아가 끝도 없이 이야기하더군요." 남자가 말했다. "드디어 뵙네요, 무척 반갑습니다." 인사를 마친 그는 자동차를 가리켰다. "이 빌어먹을 자동차 기름통이 새서요."

"정말 멋진 차군요." 브링크만이 말했다. "그럼 하던 일 계속 즐겁게 하시죠."

"네, 좋은 하루 보내세요." 남자가 말했다. "조만간 한번 정식으로 뵀으면 좋겠네요." 그는 다시 작업 침대에 누워 엔진룸 아래로 바퀴를 굴려서 들어갔다.

브링크만은 한쪽 발을 자동차 범퍼 위에 올렸다. 크롬 재질의 범퍼가 햇빛을 반사해 눈이 부셨다. 그는 체중을 완전히 실어 범퍼를 힘껏 눌렀다. 양쪽 잭이 모두 우지끈 부러지면서 자동차가 남자 위로 미끄

러져 내려앉았다.

정말 참혹한 죽음이라며 이런 일이 점점 더 자주 일어나는 것 같다고, 법의학자는 수사관에게 말했다. 남자는 엄청난 압력으로 흉곽이 눌려 머리와 발끝으로 피가 쏠렸다. 수천 개의 작은 혈관이 터져서 몸엔 마치 작은 벌레에 물린 것 같은 자국이 빽빽했다. 얼굴은 보라색으로 빵빵하게 부어올라 있었고 나사와 걸쇠, 철제 부품이 박힌 자국이 피부 이곳저곳에 남았다. 피해자는 질식사했다.

브링크만은 자기 집으로 돌아가 앞마당에 만발한 만병초를 어루만졌다. 에밀리는 만병초를 심으며 이 꽃은 가을이 제철이라고 말했었다.

장례식은 2주 후에 열렸다. 브링크만이 에밀리의 장례 미사를 드렸던 바로 그 성당이었다. 그는 그때와 똑같은 양복을 입고 장례식에 갔다. 그는 안토니아 뒤에 앉았고 그녀는 몇 번이고 그를 향해 몸을 돌렸다. 이후 몇 주간 그는 그녀를 돌보았다. 관청 일을 정리하도록 도왔으며 운전해서 그녀를 시내에 데려다주기도 하면서 그녀의 마음을 다독였다. 이제 그들은 함께 저녁까지 먹는 일이 잦아졌고 그녀는 언제나 자기 남편 이야기를 많이 했다. 봄이 되자 브링크만은 그녀에게 이탈리아의 사르디나 섬에 함께 가자고 제안했다. 그는 그 섬의 해안가에 집 하나를 세 얻어놓았다. "지금은 당신을 혼자 두지 않는 게 좋을 것 같아서." 그가 그녀에게 말했다.

경찰은 사건을 사고로 처리했고 브링크만은 단 한 번도 수사 대상에 오르지 않았다. 그로부터 여러 해가 지나간 뒤 어느 여름날 오후가 되면 그는 딱 한 번 자기 변호사에게만 모든 것을 털어놓을 것이다. 그리고 자신에겐 그 어떤 후회나 죄책감도 없다고 말할 것이다. 단 한 번도 잠을 설친 적이 없으며 그 일 때문에 마음 졸인 적도 없다고 말이다. 그러고 나면 테라스 문이 열리고 안토니아가 들어오면서 수영장에 들어올 생각 없냐고, 물이 기가 막히게 좋다고 말할 것이다.

작은 남자

슈트렐리츠는 마흔셋 미혼 남성이다. 그는 매우 작다. 손과 발이 작고 코도 작다. 그가 신는 특수화의 통굽은 키를 5센티미터 더 커 보이게 한다. 나폴레옹, 시저, 무솔리니, 마르키 드 사드, 칸트, 샤르트르, 커포티, 카라얀, 아인슈타인 등 작은 남자들의 자서전이 거실에 차례로 망라돼 있다. 그는 작은 남자들에 관한 모든 논문을 읽어 작은 남자들이 기대수명이 더 길고 결혼 생활을 더 안정적으로 유지하며 고환암에 걸릴 확률이 더 낮다는 사실을 알고 있다. 톰 크루즈는 170센티미터, 더스틴 호프만은 167센티미터, 프린스는 157센티미터라는 것까지 상세하게 알았다. 키가 167센티미터인 험프리 보거트가 나오는 영화는 모두 보고서 그의 사진도 욕실 거울에 붙여두었다. 그가 가장 좋아하는 영화 「빅 슬립」에서 보거트의 키가 언급되는 장면은 너무 많이 봐서 토씨 하나 빠뜨리지 않고 외울 정도다.

마르타 비커스 : 좀 작은 편이네요.
험프리 보거트 : 아 네, 제가 의도한 바는 아닙니다.

그리고 몇 분 후 보거트는 처음으로 로렌 바콜과 마주친다.

바콜 : 당신이 사설탐정인가요? 범죄 소설에 나오는 탐정과는 전혀 다르네요. 지저분하고 작은 남자가 호텔 주변에서 냄새를 맡고 다니다니. 크게 매력적으로 보이지는 않네요.

보거트 : 제가 좀 작은 편이긴 하지요. 다음번엔 흰 넥타이를 매고 팔에는 테니스 라켓을 끼고 좀 거만하게 올게요.

바콜 : 그런 게 큰 도움이 될지 의심스럽네요.

물론 영화에서는 보거트가 미녀의 사랑을 얻는다. 하지만 현실에서는 바콜의 말이 옳다고, 슈트렐리츠는 생각했다. 그렇다, 그런 건 아무런 도움이 되지 않는다. 이미 그는 온갖 노력을 다 해봤지만 여자들은 그를 매력적으로 생각하지 않았다. 그는 분수에 넘칠 만큼 비싼 차를 사본 적도 있었고 클럽에 가서 음료와 샴페인을 사는 데 돈을 탕진해본 적도 있었지만 결국 모두 허사였다. 여자들은 그에게 술만 얻어 마시고는 다른 남자들과 함께 사라지기 일쑤였다. 한동안은 교육 수준이 높은 여자들을 공략해보겠다고 평생교육원에서 철학과 문학 강좌를 듣고 낭독회와 연극, 오페라 등을 다니며 그들이 말하는 교양을 쌓으려고 노력해봤지만 그것 역시 시간 낭비였다. 또 한번은 데이트 상대를 소개해주는 업체 네 군데에 동시에 등록한 적도 있었다. 그의 사진을 본 여성들은 호감을 표했고 채팅으로 대화를 나누기까지는 아무런 문제가 없었다. 하지만 그가 자신의 키를 밝히는 순간 여성들은 흥미를 잃었다. 아무 말도 하지 않고 저녁 식사 약속을 잡았을 때

도 상대방은 그를 보자마자 실망감을 여실히 드러냈다. 여자들은 늘 친절한 척하다가 어느 순간 그가 자기 스타일이 아니라고 말했다. 당연히 키 때문은 아니라고 하며 '내면의 가치'를 핑계 삼는다. 그럴 때마다 그는 자신을 향한 여자들의 동정 어린 눈빛에 혐오를 느꼈다.

슈트렐리츠는 베를린에서도 젊은이들의 환락가로 통하는 크로이츠베르크에 살았다. 그는 한 슈퍼마켓의 월급 사장이었다. 월세가 저렴한 집에 살며 해마다 크리스마스 무렵의 일주일은 알프스산맥이 뻗어 있는 오스트리아 티롤 지역으로, 여름 휴가철 2주일은 카나리아 제도의 테네리페 섬으로 떠났다. 모아놓은 돈도 조금 있었고 4년 된 BMW를 몰았으며 헬스클럽 회원권도 있었다.

어느 토요일에 슈트렐리츠는 여느 날과 다름없이 그의 집 건너편에 있는 터키 식당에서 저녁을 먹었다. 그는 구운 양고기와 샐러드, 그리고 맥주 한 잔을 주문하고선 서류 가방에서 노트북을 꺼내 이번 주 슈퍼마켓 매출 현황을 훑었다. 종업원이 음식을 가져다주었고 둘은 잠시 담소를 나누었다. 오늘은 더 할 일이 없었으므로 노트북을 닫고 아주 천천히 음식을 먹었다. 식사를 마친 뒤 그는 도수가 높은 터키 전통주 라키를 석 잔 연거푸 마셨다. 그의 옆 테이블엔 이 식당에서 자주 마주치는 남자 두 명이 앉아 있었다. 그중 하나는 매우 뚱뚱했고 목에는 검은 늑대 문신이 있었다. 다른 쪽은 덩치가 컸고 털모자를 쓰고 있었다. 그들은 말소리를 죽여가며 대화를 나눴다. 덩치가 큰 쪽이

테이블 아래에서 발을 뻗어 검은색 스포츠 가방 하나를 문신한 남자 쪽으로 밀었다. 문신한 남자는 그걸 받고 자리에서 일어나더니 식당을 나갔다. 그는 좁은 도로를 건너 슈트렐리츠가 사는 공동주택 건물 출입구 뒤로 사라졌다. 그리고 몇 분 후 손에 가방을 들지 않은 채로 돌아와서 테이블에 다시 앉았다. 이제 두 남자는 긴장이 풀린 듯 눈짓을 주고받았다. 문신한 남자는 재킷에서 전자 담배를 꺼내서 피우기 시작했다. 15분쯤 지나 그들은 음식값을 치렀다. 그러고선 거리에서 인사를 하고 서로 다른 방향으로 사라졌다. 슈트렐리츠는 그들의 행동이 뭘 의미하는지 금세 눈치를 챌 만큼 크로이츠베르크에서 오래 살았다. 그 남자들은 슈트렐리츠가 사는 공동주택을 마약 은닉처로 삼고 있었고 그런 장소를 그들은 '벙커'라고 불렀다. 슈트렐리츠는 생각을 좀 가다듬느라 라키를 한 잔 더 시켰다. 그가 경찰에 신고하면 경찰에선 목격담을 청취한 다음 문서에 그의 이름을 기록할 것이다. 슈퍼마켓에선 절도 사건이 종종 일어나는지라 그런 경험을 몇 차례 해보았다. 하지만 그보단 그냥 기다리는 편이 나을 것이다. 며칠이 지나 딜러들이 새로운 은닉처를 찾으면 일은 저절로 해결될 테니.

술을 다 마신 슈트렐리츠는 집으로 올라가 텔레비전을 켰지만 영화에 도무지 집중할 수 없었다. 그는 손전등을 들고 지하 창고로 내려갔다. 지하 창고는 공동주택에 거주하는 세대마다 한 칸씩 분할되어 있었다. 그중 널빤지와 공사장 쓰레기, 오래된 페인트 통이 널려 있는 한 칸에 아까 본 검은색 가방이 놓여 있었다. 가방 안에는 개당 1킬로그램은 될 법한 덩어리 다섯 개가 셀로판지로 두껍게 포장되어 있었다. 덩어리에선 휘발유와 식초 그리고 젖은 석회 냄새가 났다. 슈트렐리츠는 가방을 닫고 한동안 생각에 잠겼다가 다시 식당으로 갔다. 그는 자신이 마지막 손님이 될 때까지 한참을 기다렸다.

종업원이 그의 테이블로 오더니 웃으며 말했다. "아직도 배가 고파요?"

"아니요." 슈트렐리츠가 말했다. 그는 이미 여러 해 동안 그 종업원과 봐온 사이였다.

"뭐 좀 마실래요? 좀 특별한 라키가 있는데 한 잔 더 할래요?"

"좋죠."

종업원은 상표가 붙어 있지 않은 술병을 하나 갖고 오더니 그의 앞에 앉았다. 그리고 두 잔을 가득 따랐다.

"우리 엄마가 직접 증류한 술이에요." 그는 앞치마를 벗어 빈 의자에 걸었다.

"고마워요." 슈트렐리츠가 말했다. 그들은 각자 자기 잔을 비웠고 종업원이 슈트렐리츠의 잔을 채워주었다.

"일은 좀 어때요?"

"똑같죠, 뭐."

"여자는요?"

"네, 뭐." 슈트렐리츠는 어깨를 으쓱했다. 종업원이 웃었다.

"뭐 하나 물어봐도 될까요?" 슈트렐리츠가 말했다. 알코올이 그의

왜 살인자에게 무죄를 선고했을까?

위장을 따뜻하게 데웠다.

"뭔데요?"

"몇 년 전에 여기가 경찰한테 한 번 털렸었잖아요. 나중에 사람들이 그게 마약 때문이었다고 말하더군요."

"경찰은 아무것도 못 찾았어요." 종업원이 대답하고는 자리에서 그만 일어서려 했다.

"제발 좀 앉아봐요." 슈트렐리츠가 말했다. "어찌 됐든 나한텐 상관없어요. 그저 당신이 내가 물어볼 수 있는 유일한 사람이라 하는 말이에요."

"네?"

"코카인 1킬로그램은 얼마나 하죠?"

종업원은 눈동자를 위로 치켜들었다. "품질에 따라 다르죠. 두 장에서 세 장 정도."

"2만?" 슈트렐리츠가 깜짝 놀라 되물었다.

"네, 그런데 코카인 1킬로그램으로 뭐 하게요?"

"아무것도."

"그럼 왜 물어본 거죠?"

"그냥요." 종업원이 잔을 다시 채웠다. 그들은 말없이 술을 마셨다.

"내가 그걸 팔려고요." 잠시 후 슈트렐리츠가 다시 입을 열었다.

"당신에게 코카인 1킬로그램이 있다고요?" 종업원이 그를 빤히 쳐다보았다.

슈트렐리츠는 고개를 끄덕였다. 그는 조금 취해 있었다.

"내가 전화해줄 수 있어요." 잠시 후 종업원이 입을 열며 잔을 다시 채웠다.

"누구한테요?"

"아는 사람."

"그 아는 사람, 믿을 수 있는 사람이에요?"

"당연히 믿을 수 있죠. 마약 딜러잖아요." 종업원이 웃었고 이번엔 슈트렐리츠도 함께 웃었다. 두 남자가 쑥덕대는 이 장면이 이 동네와 썩 잘 어울린다고, 슈트렐리츠는 생각했다. 그는 술기운이 올라오는 걸 느꼈다.

"그리고 당신은 얼마를 챙길 거예요?" 슈트렐리츠가 물었다.

"20프로."

종업원이 갑자기 정색을 했다. "하지만 이건 장난이 아니야. 일단 시작을 하면 끝까지 가야 하는 거야." 종업원이 갑자기 말을 놓았다. 슈트렐리츠는 이제 그 세계에 한 발 들여놓게 되었단 생각에 가슴이 벅찼다.

"네가 아는 그 사람이 여기까지 오는 데 얼마나 걸릴까?"

"내가 그 사람한테 전화를 하면 그 사람이 언제 온다고 말할 거야. 그때쯤 네가 여기로 1킬로그램을 갖고 와서 다시 만나는 거지."

"좋아."

"정말 1킬로그램이 있는 거야?"

"사실 5킬로그램야" 슈트렐리츠가 말했다.

"5킬로그램?"

종업원은 크게 한숨을 내쉬었다. "네가 어디서 그걸 얻게 되었는지는 묻지 않겠어. 하지만 일이 꼬이면 네가 꼬이는 거지 나는 상관없는 일이야. 그래도 정말 하고 싶은 게 확실해?"

슈트렐리츠는 고개를 끄덕였다. 종업원은 자리에서 일어나 옆방으로 들어가더니 작은 수첩 하나를 들고 다시 나왔다. 그는 돋보기를 쓰고 휴대전화에 전화번호를 눌렀다. 터키어 몇 마디가 오간 뒤 그는 슈트렐리츠를 힐끗 쳐다보더니 이렇게 전했다.

"내가 아는 사람이 10분 안에 올 수 있대. 괜찮아?"

"그래." 슈트렐리츠가 말했다.

"부엌에서 만나자. 뒷문을 이용해, 가게 문은 닫을 거니까."

슈트렐리츠는 잔을 비웠다. 자리에서 일어나면서야 비로소 그는 자기가 얼마나 취했는지 깨달았다. 길을 건너 집으로 간 그는 공원에 조깅하러 갈 때 큰 개들로부터 자신을 보호하기 위해 항상 들고 다녔던 후추 스프레이를 챙겼다. 그러고선 지하 창고로 내려가 널빤지에 걸터앉아 다시 가방을 열었다. 모든 게 그대로 있었다. 그는 몇 분 기다리면서 정신을 차리려 애썼다. 그리고 가방을 챙겨 밖으로 나왔다.

길 맞은편 식당 앞에서 슈트렐리츠는 늑대 문신을 한 뚱뚱한 남자를 보았다. 문신한 남자도 슈트렐리츠를 보고선 그 자리에 멈춰 섰다. 한동안 두 남자는 움직이지 않았다. 먼저 달리기 시작한 건 슈트렐리츠였고 문신한 남자는 소리를 지르며 죽일 듯이 그의 뒤를 쫓아왔다. 슈트렐리츠는 500미터 남짓 떨어진 거리 끝에 세워둔 차를 향해 있는 힘껏 달리는 와중에 재킷에서 자동차 열쇠를 꺼내 리모컨으로 문을 열었다. 슈트렐리츠는 가방을 조수석으로 던지고 자기 몸도 운전석으로 던졌다. 남자는 계속 소리를 지르느라 얼굴이 달아오르고 땀에 푹 젖은 채로 자동차까지 쫓아왔다. 슈트렐리츠가 시동을 걸고 핸들을 완전히 꺾자마자 남자는 운전석 문을 거칠게 열어젖히고는 슈트렐리츠의 목덜미를 움켜쥐었다. 슈트렐리츠는 남자 얼굴에 후추 스프레이를 뿌리고선 가속 페달을 밟았다. 손아귀 힘이 풀리면서 팔꿈치 아래를 문틀에 세게 부딪힌 남자는 고통에 소리를 질렀다. 슈트렐리츠는 잽싸게 차 문을 닫았다. 다 날아가지 않고 차 안에 반쯤 남아 있던 후추 스프레이 분말 때문에 그의 얼굴은 붉어지면서 화끈거렸고 두 눈에선 눈물이 줄줄 흘렀다. 그는 연신 재채기를 하고 침을 질질 흘렸다. 룸미러로 남자가 길에 누워서 몸을 둥글게 말아 왼발을 감싸 안는 게 보였다. 그러고는 눈앞이 점점 어두워지면서 아무것도 보이지 않았다. 자동차는 비틀거리며 길가에 주차된 다른 차 두 대를 긁으며 지나갔다. 그는 가속 페달을 밟은 채로 사거리를 통과해 고가 철도 교각 하나와 정면충돌한 다음에야 멈출 수 있었다. 그 충격으로 슈트렐리츠는 운전석에서 튀어올라 차 전면 유리에 머리를 박고 의식을 잃었다.

열일곱 시간이 지난 후 그는 지방법원 예심판사 앞에 앉았다. 그가 소지한 스포츠 가방엔 순도 높은 코카인 4.8킬로그램이 들어 있었다고, 판사가 말했다. 그뿐만 아니라 그는 무기, 즉 후추 스프레이도 소지하고 있었다. 판사는 그에게 관련 법조항을 읽어주며 5년 이하의 금고형이 예상된다고 말했다. 판사는 그가 원한다면 그 자리에서 하고 싶은 말을 할 수는 있지만 꼭 그래야 하는 건 아니라고 덧붙였다. 슈트렐리츠의 목덜미에는 붉은 손자국이 선명했고 뒷목엔 통증이 있었으며 그의 눈은 아직도 충혈되어 있었다. 그는 일단 생각을 좀 해보겠다고 말했다. 판사는 마약을 소지한 혐의로 구속영장을 발부했다.

슈트렐리츠는 구치소로 보내졌다. 그가 영화에서 본 감옥은 죄수들이 가학적 변태 성욕자인 교도관의 감시를 받으며 샤워하는 동안 강간을 당하거나 혹은 몰래 날을 세운 흉기에 찔리고, 밥은 소위 짬통이라 불리는 철제 그릇에 담아 먹는 그런 곳이었다. 하지만 실제로 그런 일은 일어나지 않았고 그에게 감방 생활은 오히려 새로운 세상이었다. 구속영장에 적힌 내용, 즉 코카인 4.8킬로그램 소지와 자동차 도주, 그리고 자백 거부가 그의 새로운 신분증이 되어 생애 처음으로 그는 엄청난 주목을 받게 되었다. 슈트렐리츠는 그냥 잡범이 아니었다. 그 세계에선 존경을 받는 거물이었다. 키가 작다고 그를 놀리는 사람은 아무도 없었고 '난쟁이', '소인국', '땅속 요정' 등의 단어는 금기어가 됐으며 "키가 조금만 더 크면 너도 알 수 있을 텐데." 따위의 말을 하는 사람도 없었다. 죄수 중에 슈퍼마켓에서 슈트렐리츠와 알고 지내던 자는 슈트렐리츠가 마약 사업을 위해 슈퍼마켓 사장으로 위장했었다고 떠벌리고 다녔고 그는 굳이 반박하지 않았다. 오히려 어떻게 지금까지 들키지 않을 수 있었냐는 질문에 그는 그저 미소를 날리며 오히려 자신이 좀 더 신비로워 보이길 기대했다.

재판이 있기 6주 전, 슈트렐리츠에게 약식명령이 하나 내려졌다. 도주 과정에서 음주 운전으로 사고를 낸 혐의에 관한 것이었다. 그의 혈중 알코올 농도가 높지 않아 처벌의 수위는 낮았다. 하루를 30유로로 친 90일치 벌금과 1개월 운전면허 정지가 다였다. 원한다면 2주 안에 이의를 제기해야 한다고, 교도관은 말했다. 슈트렐리츠는 관대한 눈짓으로 거절의 뜻을 전했다. 마약범에게 그 정도는 아무것도 아니라고, 그는 말했다.

공판은 미결구류 4개월 만에 열렸다. 슈트렐리츠는 교도관에게 자신을 첫 번째 재판이 열리는 법정으로 데려가달라고 말했다.

"지루할 텐데……." 교도관이 말했다. "똑같은 소리만 계속하거든."

"벌써 11시 30분이에요, 내가 받은 소환장에는 9시라고 적혀 있어요."

"한번 가보지. 지연될 때가 많아."

"방청객이 많이 왔나요?" 슈트렐리츠가 물었다.

"아니. 뭐, 특별할 게 없는 재판이잖아. 다른 방에서 아동 살해범이 재판을 받고 있어. 거기가 난리지."

슈트렐리츠는 실망했다. 그가 법정에 들어섰을 때, 판사와 검사 그리고 그의 변호사 중 법복을 입은 사람은 없었다. 방청객도 없었다. 검사 앞엔 다 마신 생수 한 병이 놓여 있었다.

"슈트렐리츠 씨, 착석하시오." 재판장이 말했다.

"우리는 이 사안을 재판에 부치지 않았습니다." 슈트렐리츠는 판사의 말을 이해하지 못했다.

"당신은 6주 전 음주 운전으로 처벌받은 적이 있습니다, 맞습니까?" 재판장이 물었다.

슈트렐리츠는 변호사를 쳐다보았다. 그녀가 고개를 끄덕였다.

"네." 슈트렐리츠가 대답했다.

"그리고 당신은 그에 대해 이의제기를 하지 않았지요?"

"네, 하지 않았습니다." 슈트렐리츠는 자기가 어떤 실수를 한 모양이라고 생각했다.

"우리는 오늘 아침에서야 그 사실을 알았습니다."

"죄송합니다." 슈트렐리츠가 말했다.

"아, 이걸 당신이 알아들을 수 있게 설명해줘야겠네요." 재판장이 말했다. "혹시 우리 법은 한 사람이 같은 행위로 두 번 처벌받는 것을 금지한다는 사실을 알고 있습니까?"

"네."

"우리 법조인들은 그걸 일사부재리라고 부릅니다. 한 번 처리된 사건은 다시 다루지 않는다는 뜻이지요. 같은 범죄로 여러 번 처벌을 받는 사람이 생기지 않게 하는 것은 공정한 형사재판을 위한 기본입니다. 이 원칙이 당신의 사건에는 이렇게 적용됩니다. 지방법원이 음주운전 혐의로 당신에게 벌금형을 내렸고 오늘은 마약 범죄에 대한 공판이 열렸어야 합니다. 두 가지의 다른 행위지요. 하지만 실제로는 이 사건이 그렇게 단순하게 구분되지 않습니다. 우리가 법정에서 범죄라고 부르는 것은 하나의 단일한 사건을 구성하는 범인의 행위를 뜻합니다. 예를 들어, 당신이 자동차를 훔쳐 타고 은행을 습격했다면, 그건 하나의 범행입니다. 실제로 차량 절도와 은행 강도는 두 개의 행위지만 법적으로 우리는 그것을 종합하여 한 번만 판결할 수 있습니다. 이해하시겠습니까?"

"잘 모르겠습니다." 슈트렐리츠가 말했다.

"음주 운전과 마약 범죄를 각각의 다른 행위로 나누어 볼 수 없다는 말입니다. 당신이 음주 상태로 운전을 한 목적이 곧 마약을 운반하는 데 있었기 때문입니다. 그러므로 음주 운전과 마약 범죄라는 두 가지 행위가 법적으로는 한 가지 행위입니다. 그리고 당신은 이미 그 사건으로 한 번 판결을 받았기 때문에 또 한 번 재판을 받아서는 안 됩니다."

슈트렐리츠는 재판장을 빤히 바라보았다.

왜 살인자에게 무죄를 선고했을까?

"변호사로부터 다시 설명을 들으시길 바랍니다. 어쨌건 간에 지방법원의 동료 판사가 실수를 저질렀기 때문에 이 재판은 열릴 수가 없습니다. 형사소송법 206a조 1항에 따라 이 소송을 기각합니다. 예심법원의 구금 명령도 철회합니다."

판사들이 법정을 떠나고 변호사가 슈트렐리츠의 어깨에 손을 올렸다. 그녀는 그보다 머리 하나가 더 컸다.

"뭐가 어떻게 된 거죠?" 슈트렐리츠가 물었다.

"운이 좋았어요!" 변호사가 말했다. "축하드려요, 당신은 곧장 풀려날 거예요. 그냥 잡범으로 처리되었어요."

일사부재리 원칙
대한민국 헌법 제13조 1항

모든 국민은 행위시의 법률에 의하여 범죄를 구성하지 아니하는 행위로 소추되지 아니하며, 동일한 범죄에 대하여 거듭 처벌받지 아니한다.

변호인

셰이마의 아버지는 열여덟 살에 터키에서 독일로 와 루르 공업지대의 한 공장에 일자리를 얻었다. 그리고 열아홉에 부모님이 중매한 고향 여자와 결혼해 스무 살에 아버지가 됐다. 그는 자기가 일하는 나라에 대해서 아는 것이 별로 없었고 그 나라의 말도 제대로 못했다. 그는 그가 살던 고향 동네 뒤로 솟은 아라라트산은 노아의 방주가 정박한 곳이라고, 입버릇처럼 말했다. 그곳에 가족들을 위한 집을 한 채 지으려고 돈을 모았지만 결국 그 계획은 그의 집 거실 서랍 위에 고이 잠들었다.

그의 맏딸 셰이마는 그가 고향에서 보던 흔한 여자아이와는 달랐다. 그녀는 그가 강요한 머릿수건을 두르려 하지 않았고 부모의 전통과 종교에도 관심을 보이지 않았다. 어릴 때부터 그녀는 자기가 사는 곳과는 다른 세상이 있을 거라며 더 많은 곳을, 훨씬 더 넓은 세계를 경험하고 싶다고 말하곤 했다. 이런 셰이마가 우려스러웠던 아버지는 다른 자매들보다 훨씬 더 엄하게 대하며 그녀를 꺾으려 들었다. 그녀에겐 이틀이 멀다 하고 외출 금지령이 수시로 내려졌고 정해진 용돈은 유예되기 일쑤였으며 대신 청소나 세차를 하라는 지시만 줄곧 내려왔다. 하지만 그녀는 강인했기에 그 모든 것을 견뎌내며 열여섯 살에 직업학교에서 인문계 고등학교로 전학했다. 그리고 대학교 입학 시험을 치른 다음 날 다른 도시로 가서 공부하겠다고 부모 앞에 당당하게 선언했다. 그녀의 아버지는 지금 가면 호적에서 파겠노라 소리를 질렀다. 매우 화가 난 그가 딸에게 손찌검하려 들자 셰이마의 어머니가 둘 사이를 막아섰다. 다음 날 셰이마가 집을 나서 기차역으로 향할 때 어머니는 몰래 그녀를 따라왔다. 어머니는 기차에서 딸을 부둥켜안으며 갖고 있던 전 재산을 딸의 호주머니에 찔러주었다. "다 괜찮아질 거야, 아버지의 마음은 금방 누그러질 거야." 어머니는 말했다. 하지만 셰이마는 그 말이 틀렸다는 걸 알고 있었다.

그녀는 베를린에서 첫 8주 동안 반은 삼촌의 집에서, 반은 삼촌의 식당에서 살다가 법학과 합격 통지서를 받자마자 대학 기숙사로 이사했다. 이후 2년간 그녀는 남들을 따라잡기 바빴다. 강의에는 관심이 없었다. 대신에 술을 진탕 마시며 환각제와 코카인에 빠졌다가 날이 밝아서야 클럽 문을 나섰다. 그녀는 지금까지와는 다른 삶을 원했다. 가끔 어머니와 몇 분씩 통화할 때도 있었지만 자기 얘긴 절대 꺼내지 않았다. 그러던 어느 날 파티가 끝나고 정신을 차린 그녀는 낯선 남자들 사이에서 알몸으로 누워 있는 자신을 발견했다. 문득 자기가 어디에 있는지도 모른다는 사실에 두려움을 느꼈다. 그녀는 실패하고 싶지 않았다. 부모에게 그리고 스스로에게 그런 모습을 보이고 싶지 않았다. 그녀는 그날 이후 대학으로 돌아가 열심히 공부하기 시작했다. 수업이 없는 날이면 형사법원에 가서 재판을 방청했다. 한번은 거기서 나이 많은 변호사가 탈세 혐의로 기소된 의뢰인을 변호하는 장면을 보았다. 경찰이 자택을 수색하다가 의뢰인의 금고에서 비아그라 한 상자와 복대형 딜도를 발견했다. 재판에 증인으로 출석한 경찰은 그 사실을 조롱하듯이 말했다. 나이 많은 변호사는 서류에서 눈을 떼지 않은 채 경찰에게 물었다. "다른 사람의 약점을 들추어내는 것이 적절하다고 생각하십니까?" 재판과도 상관없고 형량에도 아무런 영향을 미치지 않는 말을 단조로운 톤으로 조용히 툭 던진 것에 불과했다. 하지만 그 한 마디로 법정은 정숙해졌다. 이 일로 인해 셰이마는 자기 인생에 대해 생각하게 됐다. 5년 후 그 변호사가 있는 로펌에 지원했다.

그 로펌은 평판이 좋았다. 셰이마가 공판에서 보았던 시니어 파트너는 40년 전 공판에서 매우 고집스러운 태도로 명성을 얻은 인물이었다. 당시엔 변호사가 판사와 법정의 권위 자체에 도전하는 태도를 대립적 변호술이라 불렀다. 현재 거의 경제사범만을 다루는 그 로펌의 변호사들은 온종일 책상에 앉아 일하며 시간당 600유로에서 많게는 1000유로까지 받았다. 재판까지 가는 건 매우 이례적이었고 대부분의 의뢰인은 합의나 지루한 서면 분쟁을 통해 원하는 바를 얻었다. 그 로펌에서 맡는 심각한 형사사건은 일 년에 한두 건뿐이었다. 그리고 그런 사건은 무조건 자기 소관이라고, 모두가 영감이라고 부르는 시니어 파트너가 말했다. 그는 형사재판의 세계는 오직 법정에 서봐야 이해할 수 있다고 믿었으며 자기는 오직 그곳에서만 살아 있음을 느낀다고 말했다. 셰이마는 면접을 앞두고 긴장하지 않았다. 그녀는 1, 2차 사법시험을 모두 우수한 성적으로 통과했으며 한 대학에서 연구원으로 일하며 형법 강의를 했고 법률 신문에 판결문을 해석하는 칼럼도 열네 번이나 실었다. 그녀의 박사 학위 논문 주제는 미결구류에 관한 유럽인권재판소의 판결이었다. 그녀는 멀고 먼 길을 지나 지금에 이르렀다.

로펌의 사무장은 대머리에 혈색은 붉고 양쪽 송곳니가 툭 튀어나온 남자였다. 그는 그녀를 대형 회의실로 안내했다. 그녀는 시니어 파트너가 오는지 물었지만 그는 사무실 운영에 관여하지 않기 때문에 변호사, 비서, 자료조사원, 인턴 등의 채용에 관해서도 일절 신경 쓰지 않는다고 했다. 사무장은 연수원 활동, 사법시험 점수, 판사와 검사로부터 받은 평가, 박사 논문, 개인적 관심사까지 그녀의 모든 경력을 훑었다. 그는 자기 일을 깔끔하게 잘하는 직원이었다. 그는 셰이마가 부담을 느낄만한 질문들을 서슴지 않았다. "당신이 결코 돈과 바꾸지 않을 것은 무엇입니까?", "절대 받고 싶지 않은 질문은 무엇입니까?", "당신이 저지른 가장 큰 실수는 무엇입니까?"와 같은 난감한 질문에도 그녀는 모두 차분하고 친절하게 대답했다. 이상하게 느껴지는 질문도 있었지만 내색하진 않았다. 사무장은 그녀의 얼굴을 거의 쳐다보지 않았고 그녀의 대부분 가슴을 쳐다보며 질문했다. 셰이

왜 살인자에게 무죄를 선고했을까?

마는 그런 남자들에게 익숙했다.

그런데 20분쯤 지나자 영감이 접견실에 들어왔다.

그는 "신경 쓰지 마시오." 라고 말하며 방을 가로질러 책상 끄트머리에 앉았다. "누가 저기에 꽃을 갖다 놓았소?" 그가 물었다.

"새로 온 비서입니다." 사무장이 말했다.

"왜죠?" 영감이 물었다.

"분위기 좋아지라고……"

"나는 이런 것을 좋아하지 않소." 영감이 그의 말을 끊었다. "여기는 변호사 사무실이지 미용실이 아닙니다." 그는 꽃병을 옆으로 밀쳤다. "하던 얘기 계속하시죠."

영감은 몸을 뒤로 젖히고 눈을 감았다. 셰이마는 그가 집중하려 한다는 걸 알았다. 공판에서 그런 자세로 앉는 걸 본 적이 있었다. 사무장은 무의미한 질문을 몇 개 더 던지더니 이내 질문거리가 떠오르지 않는지 말을 멈췄다.

영감이 다시 눈을 떴다.

"다 하셨소?" 그가 부드럽게 물었다. 사무장은 고개를 끄덕였다.

"좋아요. 나도 질문 하나 해도 되겠습니까? 델레드…… 씨." 영감은 셰이마의 성을 제대로 발음하지 못했다.

"미안합니다. 성을 한 번 더 말해주겠어요?"

"델레덴코브뒤카디르."

"델레덴……"

"그냥 셰이마라고 불러주세요." 그녀가 말했다.

"고마워요. 실례를 용서하시오." 영감이 말했다. "이해할지 모르겠지만 나는 증명서를 믿지 않습니다, 셰이마. 어떤 법률가가 유능한 형사 변호사인지는 오직 공판에서만 결정됩니다. 나는 훌륭한 법률가이지만 재판에선 형편없는 변호사도 알고, 아주 유능한 변호사지만 형사재판밖에 모르는 사람도 알고 있습니다. 당신의 이력서를 읽어보니 꽤 인상 깊은 점이 있더군요. 코란 학교, 그곳이 어땠는지 설명해주겠소?"

셰이마는 영감을 쳐다보았다. 통상적인 질문은 아니라 그녀는 잠시 주저했다.

"저는 천주교 재단에서 운영하는 초등학교에 다녔습니다." 그녀가 입을 뗐다. "하지만 여덟 살이 되던 해부터 부모님이 시키는 대로 주말마다 코란 학교에 가야 했습니다. 매주 토요일과 일요일에 오전 10시부터 저녁 6시까지 있었습니다. 호드샤는……"

"이슬람교에선 교단의 선생님을 호드샤라고 하죠?" 영감이 물었다.

"네, 호드샤는 우리가 머릿수건을 두르지 않으면 지옥에 갈 거라고 했어요. 거룩한 계명을 위반하는 다른 모든 행위에도 같은 규칙이 적용된다고 했죠. 어렸을 때 저는 거기에 대한 큰 두려움을 안고 살았습니다."

"코란 학교에 벌이 있었습니까?" 영감이 물었다.

"네."

"어떤 것이죠? 그리고 구체적으로 무엇을 어기면 벌을 받죠?"

"무엇이든 조심하지 않으면 벌을 받았습니다. 선생님이 막대기로 손가락 끝이나 손가락 마디를 때렸는데 심하게 아프진 않았지만 자존심이 상했죠. 그러라고 때린 것일 테고요."

"그 학교에서 당신은 무엇을 배웠습니까?" 영감이 물었다.

"코란이요. 계명에 따르면 신자들은 적어도 생에 한 번은 코란을 완독해야 합니다. 저는 학교에 다니는 동안 다섯 번을 완독했어요. 수업은 터키어로 했고, 코란은 아랍어로 읽었습니다."

"언제 그곳에서 나왔습니까?"

"열일곱 살에요. 하지만 그게 끝은 아니었어요. 제 아버지는 건설 노동자이신데도 과외 교사를 구해오셨어요. 입엔 항상 사탕을 물고 있고 터키어를 형편없이 못하던 남자였습니다."

"왜죠?" 영감이 물었다.

"부모님은 제가 엘리트가 되길 바라셨어요. 호드샤는 제가 공부에 소질이 있다며 계속 공부시키길 권했고 저는 이슬람 율법을 배우는 학교를 다녀야 했습니다. 그건 하나의 영예였습니다, 특히 여자아이에게는."

"그래서 당신은 어떻게 했죠?"

셰이마는 잠깐 말을 멈추고는 다시 입을 열었다.

"저는 기다렸습니다."

"무슨 말인지 모르겠군요." 영감이 말했다.

"열두 살부터 하루도 빠짐없이 저는 조금만 기다리면 어른이 될 거라고 혼자 되뇌었습니다. 그리고 대학 입학 시험을 치른 다음 날 마침내 평생 마음먹었던 일을 했어요. 머릿수건을 쓰레기통에 던진 거죠. 그리고 지금까지 단 한 번도 그걸 다시 쓰지 않았습니다. 그날 아침 일찍 과외 교사에게 전화를 걸어 이제 더 오지 않아도 된다고 말했습니다. 아침 식사를 하면서는 부모님에게 대학에 갈 거라고 선언했죠. 예상한 대로 아버지는 제가 이미 도를 넘어섰다면서 분수를 알라고 화를 내셨습니다. 사실 아버지는 제가 치위생사가 되길 원하셨어요. 그런 직업을 굉장히 존경하셨거든요. 아버지는 매우 용감하고 심성도 좋으신 분이십니다. 저는 아버지를 아주 좋아하지만 저와는 다른 세상의 사람이었습니다."

"그런 다음에는요?" 영감이 물었다.

"저는 집을 나와 한동안은 이중생활을 했습니다. 부모님께는 정숙한 터키 아가씨인 척 했지만 실제로는 여느 젊은 독일 여성과 다를 바 없었습니다. 아버지는 제가 클럽에서 일하고 미니스커트를 입고 독일 남자친구를 사귀는 걸 받아들이지 못하셨을 겁니다." 셰이마는 말을 하면서 자기가 원래 하려고 했던 말보다 훨씬 많이 했다는 걸 깨달았다. 영감이 그녀를 쳐다보았다. 그녀는 그의 눈빛을 피하지 않았다.

"법을 전공한 이유는 무엇입니까?" 그가 가는 목소리로 물었다. 이미 사무장이 한 질문이었고 그녀는 사회의 기초에 대해, 책임과 학문적 이상에 대해, 그리고 법에 대한 열정에 대해 자신 있게 말했었다.

왜 살인자에게 무죄를 선고했을까?

꽤 확신에 찬 대답으로 들렸을 것이다. 하지만 지금은 선뜻 입을 열지
못했다.

"왜죠, 셰이마?" 그가 다시 한번 작은 소리로 물었다.

"절대 다른 사람이 저에 관한 결정을 내리지 못하게 하기 위해서입
니다." 그녀 역시 작은 목소리로 답했다.

"법이 저를 지켜줄 것으로 생각합니다."

영감은 재킷 호주머니에서 은색 담배 지갑을 꺼내 담배 하나를 덥
석 물고선 다시 천천히 닫았다. 사무장이 무언가를 말하려 했지만 영
감이 고개를 저었다.

"당신이 아직도 생각이 있다면 자리를 주겠습니다." 그가 말했다.
"얼마를 받고 싶은지 그리고 언제 일을 시작할 수 있는지를 우리에게
알려 주십시오."

영감은 자리에서 일어나 문으로 향하다 말고 한 번 더 몸을 돌려 뒤
를 돌아보았다.

"감사합니다, 셰이마. 무척 용감한 답변이었습니다."

그는 이렇게 말하고선 회의실을 떠났다.

▼ ▲ ▼

일주일 후 셰이마는 로펌에서 일을 시작했다. 첫 4주간은 서류를
읽고 메모를 작성하거나 가끔 다른 변호사들과 회의를 하러 갔다. 그

들이 맡은 소송은 대부분 뇌물수수, 파산 신청의 지연*, 배임, 내부 거래 등에 관한 것이었다. 서류는 수천 페이지에 달했고 그에 대한 변호사의 의견서 또한 백여 장이 넘었다. 사무실은 전문적이고 생산적으로 조직돼 있었고 직원들은 서로를 정중하게 대했다. 남직원들은 회색이나 검은색 양복을, 여직원 또한 비슷한 색상의 정장을 주로 입었다. 영감이 셰이마와 마주치는 일은 매우 드물었고 대부분 지나가다 우연히 보는 정도였다. 그의 의뢰인은 대기업의 총수, 은행장 혹은 유명한 음악가나 배우였다. 그녀의 예상과는 완전히 달랐다. 그건 그녀가 원했던 삶이 아니었다.

월요일마다 아침 9시면 변호사들이 모여 사무실의 현안에 대해 회의를 했다. 재판이 있거나 병가 혹은 휴가 중일 때를 제외하고는 반드시 참석하는 것이 의무였다. 영감은 참석하는 일이 드물었지만 이번 월요일엔 그와 사무장 그리고 다른 사람들이 오기 한참 전부터 회의실에 미리 와 있었다. 셰이마는 정장을 입은 직원들 사이에 알록달록한 긴 팔 스웨터 차림으로 앉았다. 다리를 의자 위로 끌어 올려 무릎에 턱을 괴었다. 그녀가 신은 진녹색 스타킹이 같은 색 리놀륨 책상과 잘 어울리는 듯했다. 그녀는 이 스타킹을 좋아했다. 제품을 설명하는 포장지의 단어가 마음에 들었기 때문이다. 불투명.

"우리에게 새로운 의뢰가 들어왔습니다." 영감이 말했다. "인신매

---

* 독일의 형법은 법인이 채무 이행 능력이 없음을 확인한 지 3주 이내에 파산 신청을 하지 않으면 처벌하도록 규정하고 있다.

왜 살인자에게 무죄를 선고했을까?

매와 성매매, 그리고 그와 유사한 여타 혐의입니다. 피고는 9개월 전부터 미결구류 중이고 기소 측은 재판 신청을 한 상태입니다. 피고의 요구로 이전 변호사가 물러나게 되어 나는 이 의뢰를 받아들였습니다. 물론 내가 직접 소송을 진행할 수는 없기 때문에 모두 할 일이 많겠지만 여러분들 중 누군가가 맡아야 합니다. 참고로 피고는 우리 회사 최고 고객의 장조카입니다."

변호사들은 서로 눈을 마주치지 않았다. 셰이마는 변호사 중 누구도 중범죄에 관여하길 원하지 않는다는 사실을 눈치챘다. 왜냐하면 그들은 그런 사건을 맡는 건 로펌의 대외적 평판에도 좋을 게 없다고, 강도, 포주, 폭력범을 변호하는 건 위신을 떨어뜨리는 일이라고 말했다. 이미 경제사범만으로도 의뢰가 넘쳐나는 데다가 그쪽 의뢰인들이 한결 편하다고도 했다.

"그래서 누가 맡을 겁니까?" 영감이 물었다.

"저는 중요한 세법 소송이 끝나지 않아서……." 사무실에 고용된 변호사 중 최고 연장자가 먼저 말을 꺼냈다. 그는 모헤어 재질의 아주 비싼 진청색 양복을 입고 있었다.

"아니요." 영감이 그의 말을 자르며 웃었다. "그 건에 관해선 변호사님이 더 신경 쓰실 것 없습니다. 오늘 아침 부과금 없이 조정되었어요. 축하드립니다."

모헤어 양복을 입은 남자가 책상 위로 시선을 떨궜다. 이건 마치 선생님이 자기 이름을 부를까 봐 두려워하는 교실 풍경 같다고, 셰이마는 생각했다. 그리고 그 순간 자신이 얼마나 자유로운가를 생각해냈다. 이 책상 앞에 앉은 열네 명의 여성과 남성들은 매우 뛰어난 법률가이자 변호사들이었다. 그들은 똑똑했고 그들이 도와야 하는 사람이라면 누구나 변호할 능력이 충분했다. 진보적이고 개방적인 사람들이라 영어와 불어, 스페인어 정도는 유창하게 하고 그들 중 정가운데 가르마를 선호하는 최연소 변호사는 심지어 중국어도 조금 할 줄 알았다. 정계의 최신 정보에 밝고 스키를 타고 골프도 치며 가장 중요한 세계고전 한두 권쯤은 술술 꿰고 있는 사람들이었다. 그들이 사는 주택이나 아파트는 바우하우스 조명으로 불을 밝히고 찰스&레이 임스의 의자와 르코르뷔지에의 안락의자가 조화롭게 놓여 있었다.* 그들은 그곳에 앉아 채식주의자를 위한 학교 급식과 남성의 육아 휴직, 유치원의 이슬람 기도실 설치 등에 대해 논하곤 했다. 그들은 쓰레기를 정확하게 분리수거하고 4년마다 시민주의 정당에 투표했다. 그러나 그들은 결코 자유롭지 않으며 자유로움을 꿈꾸지도 않았다. 영감이 그녀를 고용한 이유도 바로 그 때문이었다. 마치 테러리스트를 변호하던 젊은 시절의 그가 그런 책상에 어울리지 않았던 것과 마찬가지로 그녀 역시 이 책상에 어울리지 않았다.

"제가 그 의뢰인을 기꺼이 맡겠습니다." 그녀가 말했다.

영감이 그녀를 쳐다보고선 고개를 끄덕였다. "어렵고 힘들 겁니다.

---

* 독일 바이마르에서 시작된 바우하우스의 스타일과 미국의 디자이너 부부인 찰스&레이 임스의 가구, 스위스 출신 건축가 르코르뷔지에의 가구와 건축물은 모두 기능미를 중시하고 간결하고 모던한 디자인을 추구한다는 공통점이 있다.

공판은 많고 정신적으로도 부담스러운 사건일 거예요."

"그래도 하겠습니다." 그녀가 말했다.

"좋습니다, 그럼 그렇게 결정하죠." 영감이 미소를 지으며 말했다.

이후로도 전체 회의는 계속되었으나 셰이마의 귀에는 거의 들어오지 않았다.

검찰이 3년 동안 조사한 그 사건은 기록이 1000페이지에 육박했다. 기소장에 따르면, 의뢰인은 우크라이나와 루마니아 출신 여성들을 베를린으로 끌고 와 사창을 운영하는 조직의 우두머리였다. 여성들은 그에게 매춘을 강요당했다. 하지만 그의 혐의를 입증하는 게 까다로웠다. 오랫동안 그는 사진 한 장 찍힌 적이 없었고 여성들은 그에게 불리한 증언을 하지 않으려 하거나 할 수가 없었다. 수사는 4개국에 걸쳐 진행되었다. 그때마다 전화번호 하나가 계속 경찰의 눈에 띄어 경관들은 그 번호가 주범의 것으로 추정했다. 수사를 시작한 지 2년 반이 되었을 때, 우연히 도난 차량을 타고 가던 남자 하나가 교통경찰에 체포되었다. 그 차 조수석엔 경찰이 예의 주시하던 그 번호의 휴대전화가 놓여 있었다. 수사관들은 체포된 자가 주범일 것이라고 생각했다. 그렇게 구속영장까지 받았지만 경찰들은 여전히 직접적인 증거를 찾지 못한 상태였다. 결국 검찰은 그가 방면되는 것을 막기 위해 기소 수순을 밟았다. 빈약한 증거에도 불구하고 법원은 일단 기소 측의 손을 들어 재판을 열기로 했다.

첫 접견은 영감이 셰이마와 동행했다. 그다음부터는 셰이마 혼자 의뢰인을 만나야 했다. 교도소에서 의뢰인을 기다리는 동안 영감은 그녀에게 혹시 공판이 두렵지는 않은지 물었다. 셰이마는 아니라고 했지만 그건 틀린 대답이었다. 남자는 청바지에 검은 티셔츠를 입고 운동화를 신고 있었다. 셰이마는 그의 준수한 외모와 친절한 태도에 깜짝 놀랐다. 그는 영감에게 대단한 존경심을 가진 듯 보였다. 영감은 셰이마에게 수사 기록을 요약해서 설명해보라고 지시했다. 그녀는 전문적이고 노련하게 보이고 싶어서 밤새 연습했었다. 그녀가 발표를 끝내고 통역사의 통역이 끝나자 의뢰인은 자기 앞에서 할 말이 그게 다냐고 물었다. 셰이마가 그렇다고 말하자 그는 그녀가 어떻게 자기를 변호할 것인지를 알고 싶다고 했다. 그는 의자에 비스듬히 기대앉았다. 그녀는 그의 티셔츠 단 아래로 드러난 문신의 _끄트머리_를 보았다. 기록에는 그의 상반신과 다리 사진이 첨부돼 있었다. 그의 가슴에는 머리가 두 개인 기사가, 배에는 사람의 커다란 눈 두 개가 현란한 색깔로 새겨져 있었다. 등에는 모스크바 성바실리 성당의 양파 모양 돔과 뉴욕의 자유의 여신상, 미국 달러와 스탈린의 머리가 있었고 어깨에는 여러 개의 별이, 오른쪽 허벅지에는 낚싯대를 든 소녀의 나체가 그려져 있었다. 문신은 원래 원시 종족들의 표시지만 그는 그걸 사할린 교도소에서 새겼다. 조서에서는 문신이 그가 러시아 마피아의 고위층 조직원이라는 것과 범죄자라는 점을 증명한다고 주장했지만 영감은 그 말이 맞지 않는다고 했다. 러시아에서는 교도소마다

고유한 상징이 있고 재소자들이 그걸 새기는 건 관습일 뿐, 문신이 이 범죄와의 연관성을 나타내는 증거가 될 수는 없다는 설명이었다. 예컨대, 우랄 지역 수감자들의 문신은 시베리아 지역과 다르다고 했다. 그가 말하길, 그런 문신들은 전기면도기나 칼 혹은 더러운 바늘로 새겨지는데 그 때문에 많은 수감자가 파상풍이나 매독에 걸린다고 했다. 그리고 무엇보다 정말 중요한 마피아 보스들은 정작 아무 문신도 새기지 않는다고 했다.

셰이마는 의뢰인에게 증거물을 하나씩 설명한 다음 수사 과정상 작은 실수 하나가 있었음을 알렸다. 수사 기록에서 모순점을 하나 발견한 것이다. 그녀는 그가 재판 중엔 침묵을 유지하는 편이 나을 것으로 생각한다고 말했다. 세 시간이 지나자 좁은 면회실 안 공기가 탁해졌고 세 사람 모두 지쳤다. 밖으로 나가는 길에 영감은 그녀에게 잘했다고 말했다. 그리고 가끔 어려울 때가 있겠지만 그래도 계속 그런 식으로 의뢰인과 거리를 유지해야 한다고 덧붙였다.

"그가 티를 내진 않지만……" 영감이 말했다. "그는 매우 위험한 사람입니다."

▼ ▲ ▼

재판은 6주 후에 시작됐다. 수사 경관이 거의 온종일 진술했고 재판 참석자 모두가 러시아와 루마니아의 기록들을 열람하였으며 그

내용은 다시 독일어와 러시아어로 통역되었다. 녹음된 통화 내용도 들었다. 휴식 시간에 재판장은 지금까지의 내용만으로는 기소 측의 주장을 확신할 수 없다고 말했다. 의뢰인은 셰이마가 충고한 대로 입을 다물었다.

여덟 번째 공판일 아침, 30분 늦게 법정에 나타난 검사는 얇은 파일 하나를 들고 있었다. 경찰이 어제저녁 늦게 증인 한 명을 신문했다고, 그가 말했다. 손에 든 것은 지금까지 나온 증언이 요약된 것으로 매우 짧고 형식적이라고 하면서 검사는 판사들과 셰이마에게 복사본 몇 장을 건넸다.

"신문을 담당한 경관이……" 그가 말했다. "오늘 아침 이곳으로 증인을 데려왔습니다. 증인이 지금 복도에 대기 중입니다. 그녀가 겁을 먹고 다시 잠적하지 않을까 우려되기 때문에 오늘 당장 증인을 신문할 것을 제안합니다."

셰이마가 항의했다. 그녀는 준비할 시간이 필요하다며 일단 증인의 진술을 차분하게 읽어본 다음 의뢰인과 이야기도 해봐야 한다고 했다.

"고작 두 장 반짜리입니다, 변호사님." 검사가 말했다.

"시간이 얼마나 필요합니까?" 재판장이 물었다.

"최소 이틀이요." 셰이마가 말했다. "저는 구류 중인 의뢰인에게 면회를 하러 가야 면담할 수 있습니다. 그리고 아시다시피 그때마다 통역이 필요하고요."

재판장이 고개를 끄덕였다. "재판부 역시 시간이 좀 필요합니다."

그녀가 말했다. "하지만 다른 한편으로는 검찰의 급박한 상황도 이해가기 때문에 14시까지 휴정하겠습니다. 그런 다음 증인신문을 진행하죠." 그녀가 셰이마 쪽으로 몸을 돌렸다. "변호인은 그동안 이 자리에 그대로 피고와 머무르면서 법원 소속 통역관의 도움을 받아 준비해도 됩니다."

휴정 시간 동안 셰이마는 의뢰인에게 증인의 진술 내용을 읽어주었고 통역관이 통역했다. 피고는 어깨를 으쓱할 뿐 진술에 대해 아무 말도 하지 못했다.

2시가 조금 지나 재판이 속개되었다. 젊은 여성 하나가 재판관들 앞 증인석에 통역관과 나란히 앉았다. 그녀는 재판관 쪽을 바라보고 있어 다른 사람들에겐 그녀의 얼굴이 보이지 않았다. 그녀는 그가 무서울 뿐 아니라 보는 눈이 많은 가운데 증언하는 것도 불편하기 때문에 피고가 법정에 함께 있는 한 진술하지 않겠다고 말했다. 검사가 그녀의 요구에 따라 피고와 방청객의 퇴장을 요청하자 셰이마는 또 한번 반발했고 재판부는 재판을 재차 중단했다. 회의실에 들어간 지 몇 분 만에 재판관들은 다시 판결석으로 나와 재판장이 검사의 요청을 받아들이겠다고 말했다. 셰이마의 의뢰인은 자리에서 일어나 증인을 향해 고개를 끄덕이며 미소를 지었다. 그의 목덜미에서 정맥이 펄떡이는 게 보였다. 경위 두 명이 그를 감방으로 데려갔고 방청객들도 법정을 떠났다. 처음에 증인은 말을 좀 더듬었지만 차츰 부드러워지며 안정을 찾았다.

　그녀는 먼저 자신의 가족과 여동생에 대해 이야기했다. 여동생은 가족과 함께 루마니아의 작은 농촌 마을에 살고 있다고 했다. 피고는 그녀에게 베를린에서 요양 보호사로 일하면 돈을 많이 벌게 해주겠다고 약속했다. 월급 900유로는 그녀의 고향에선 연봉에 해당하는 액수였기에 그녀는 부모와 상의한 후 그를 따라서 베를린으로 왔다. 피고는 매력적이고 수려한 외모의 소유자였고 그녀는 남자들이 어떤 존재인지 알기엔 너무 어렸었다고 했다. 국경을 통과하자마자 그는 그녀의 여권을 가져가며 그녀에게 더는 여권이 필요하지 않다고 말했다. 그들은 베를린 외곽의 한 가건물에서 묵었다. 건물은 지저분했고 습한 벽에는 곰팡이가 슬어 있었다. 그는 첫날 밤부터 그녀를 여기까지 데려오느라 돈이 너무 많이 들었고 식대와 숙박비도 벌어야 하니 자기를 위해 일을 해야 한다고 말하기 시작했다. 그리고 예쁘니까 그 빚을 '일해서 갚을 수 있을 것'이라고 했다. 그녀가 도망치려 하자 그는 문을 걸어 잠갔다. 다음 날 아침 그녀는 그에게 당장 집으로 데려다달라고 소리를 질렀지만 그는 매우 차분한 말투로 애석하게도 지금부터는 수보트니크를 하게 될 것이라고 말했다. 수보트니크는 그녀가 학교에서 많이 들었던 단어였다. 다 함께 학교 운동장을 청소하거나 교실을 닦는 등 학교를 위해 자발적으로 노동력을 제공한다는 뜻이지만 피고인이 말한 수보트니크는 전혀 다른 의미였다. 그가 자리에서 일어나 문을 열자 남자 다섯 명이 한꺼번에 방으로 들어왔

　왜 살인자에게 무죄를 선고했을까?

다. 그녀는 그들이 건설노동자일 거라고 생각했다. 더러운 작업복 차림에 땀냄새로 악취를 풍기는 남자들은 그녀의 옷을 벗기고 침대에 결박했다. 그녀는 피해보려고 했으나 그럴 틈이 없었다. 그들은 돌아가며 계속해서 그녀를 강간했다. 가끔 술을 들고 텔레비전을 보는 것으로 휴식을 취할 때도 있었지만 그러다가도 그 일은 다시 시작됐다. 그녀가 기억하기론 여러 시간 동안 그들은 그녀의 몸 안에 맥주병을 집어넣기도 했고 그녀의 몸 위에 오줌을 싸기도 했다. 그러다 어느 순간 피고인이 다시 들어와 남자들을 내보냈다.

"내가 말하는 대로 하지 않으면 수보트니크가 계속될 거야." 그가 말했다.

그녀는 차라리 죽어버리겠다고 했지만 피고는 그 말조차 웃어 넘겼다.

"나는 네 여동생을 알아. 개가 몇 살이지? 일곱 살이던가 여덟 살이던가? 아직 남자를 상대하긴 너무 어리지. 그런데 알고 보면 너무 어리지 않을 수도 있어. 그건 우리가 테스트해 봐야 아는 거니까." 그가 무슨 말을 하는지 그녀는 정확하게 알아들었다. 그녀는 죽을 생각을 거두고 그가 시키는 대로 했다.

피고는 그녀를 베를린의 어떤 집으로 데려갔다. 그곳에서 그녀는 2년 동안 자신과 비슷한 처지인 다른 여성 여섯 명과 함께 지냈다. 감시인도 한 명 있었다. 그들은 매일 열 명에서 열두 명의 남자들과 성관계를 맺었고 한 시간에 30유로를 낸 손님은 여자들에게 무슨 짓이

왜 살인자에게 무죄를 선고했을까?

든 할 수 있었다. 여자들은 그 돈을 한 푼도 받지 못했다. 외출은 일주일에 한 번 보통 식료품이나 화장품을 사러 나갔는데, 그것도 감시인을 대동해야 가능했다. 라디오와 TV를 통해 독일어를 배웠지만 그녀는 그 언어로 단 한 마디도 하고 싶지 않았다.

어떤 남자는 그녀가 이 자리에서 입에 담을 수조차 없는 짓을 강요했다. 그녀는 그것이 무엇이었는지는 재판관들은 물론 이 세상 어느 누구에게도 말할 수 없다고 했다. 여자들이 그런 짓을 거부하면 피고가 찾아와서 수보트니크를 들먹이며 협박했다. 한번은 그가 여자 중한 명을 데리고 나가 머리카락을 자동차 창문에 끼우고선 질질 끌고다녔다. 다른 여자들은 모두 창문에 서서 그 광경을 목격했다. 그 여자는 다시 돌아오지 않았다.

아주 긴 진술이었다. 재판관들은 장소와 시간, 이름, 피고의 자동차와 전화번호 등 세부사항을 확인했다. 그들은 그녀에게 경찰의 수사기록에 기재된 사진들을 보여주며 집과 방, 거리와 다른 용의자에 관해 물었다. 젊은 여성은 모든 질문에 대답했다.

"증인은 어떻게 그곳에서 나올 수 있었습니까?" 재판장이 물었다.

"저는 병이 들었습니다. 체중이 18킬로그램이나 줄었고 남자가 건드리기만 해도 비명을 질렀습니다. 더는 그 상황을 견디지 못한 겁니다. 피고가 다시 그 일을 해야겠다고 말했지만 이제 그러든 말든 제겐 아무 상관이 없었습니다. 한마디로 완전히 망가진 거죠. 그래서 하루는 피고가 저를 죽도록 팼는데도 저는 더 이상 그 짓을 하지 않을 거라고 했죠. 그러자 그가 칼을 갖고 와 제 오른쪽 눈을 찔렀습니다. 피가 너무 많이 나자 시체를 처리하기 싫었던 그들은 저를 병원으로 데려갔습니다. 감시인이 비닐봉지 하나를 제 얼굴에 붙인 다음 차에 태워 갔죠. 그는 저를 병원 문 앞에 던져놓고 떠났습니다. 얼굴이 그렇게 됐으니 이제 남자들에겐 쓸모가 없어진 거죠."

"그래서 어떻게 되었습니까?"

"병원에서도 눈을 살리지 못했습니다. 경찰이 와서 질문을 했지만 저는 계속 유리 위에 넘어졌다고 말했죠. 다행히 그 말이 먹혀서 저는 곧장 루마니아의 가족에게 돌아갔습니다. 여기까지가 2년 전에 일어난 일입니다."

"그런데 여기 법정까지는 어떻게 오셨습니까?" 재판장이 물었다.

"루마니아 경찰과 함께 왔습니다. 베를린에서 있었던 일은 입도 벙긋하지 않았지만 고향에선 이미 소문이 돌고 있었습니다. 고향으로 돌아간 지 몇 주 지나지 않아 경찰 두 명이 마을로 찾아와선 저와 이야기하고 싶어 하더군요. 그들이 말하길, 독일 기관에서 제게 도움을 요청했다고 했어요. 베를린에서 포주 한 명에 대한 재판이 진행 중인데 우리 지역 아가씨들을 납치해간 놈이라고요. 경찰들은 오랫동안 자취를 감추었던 여성들을 상대로 혹시 그 포주 아래서 일한 게 아닌지 묻고 다니는 중이라고 했어요. 그러고선 사진 한 장을 보여주었죠. 바로 그였습니다. 저는 진술을 해야 할지를 두고 오랫동안 고민한 끝

왜 살인자에게 무죄를 선고했을까?

에 두 경찰에게 전화를 걸었어요. 그들이 모든 준비를 해주었고 저는 그중 한 경찰관과 함께 어제 베를린으로 왔습니다."

"그리고 증인은 왜 증언하기로 결심했습니까?" 재판장이 말했다.

"다른 여자들 때문입니다. 이 도시에는 아직도 그런 집들이 많이 있습니다. 어디인지는 모르지만 그런 얘기를 몇 번이나 들었으니 분명히 그럴 겁니다."

재판장이 그녀에게 증언해줘서 고맙다고 인사했다. 그러면서 이런 사건에서 증인으로 나서는 것이 어떤 의미인지 그녀는 아마 모를 거라고 말했다.

"모릅니다." 증인은 고개를 흔들었다. "그건 재판장님도 알 수 없을 겁니다."

검사와 셰이마는 따로 신문하지 않았다. 재판장은 증인이 피해자 중 하나이기 때문에 증인 선서는 시키지 않았다고 설명했다. "증인은 이제 나가도 좋습니다. 감사합니다." 재판장이 말했다.

젊은 여성이 자리에서 일어나 몸을 돌렸다. 셰이마는 그녀의 얼굴에서 상처 자국을 보았다. 이마에서 시작돼 얼굴의 오른쪽 전체를 가로질러 볼을 지나 턱까지 내려온 아주 긴 상처였다. 오른쪽 눈은 하얗게 비어 있었다. 그녀는 바닥에서 핸드백을 들고 밖으로 나갔다. 재판장은 경위에게 피고를 감방에서 데려오라고 지시했다. 그녀는 그에게 증인이 증언한 바를 설명했고 나중에서야 그 자리에 있던 모두는 그때 재판장이 어떤 실수를 저질렀다는 사실을 알게 되었다.

▼　▲　▼

　재판이 끝난 후 셰이마는 지하철을 탔다. 금요일 저녁이었다. 이제
그녀는 전혀 다른 사람이 되고 싶었다. 정류장에서 차를 기다리거나
카페에서 신문을 읽거나 혹은 집으로 돌아가는 사람, 하지만 법정과
는 전혀 무관한 어떤 사람이 되고 싶었다. 그녀는 자기 집이 오히려
비현실적이란 느낌을 받았다. 그녀는 지난달에 개인적으로 주고받은
이메일을 하나씩 열어보았다. 난방비를 정산하느라 집주인과 논쟁을
벌였고 새 휴대전화를 주문했으며 휴가로 친구와 해변에 가서 사진
을 찍었었다. 그 모든 것이 마치 다른 사람이 자신의 삶을 살다 간 것
처럼 느껴졌다. 그녀는 자려고 노력해봤지만 새벽 3시까지 잠들지 못
해 벌떡 일어나서 예전에 자주 가던 클럽으로 발길을 옮겼다. 그곳 사
람들은 형광색 알록달록한 티셔츠를 입고 있었고 그곳 벽에는 보라
색 비디오 화면이 영사되고 있었다. 젊은 남자 하나가 다가와 비닐봉
지에 든 환각 버섯을 권했고 그녀는 작은 봉지를 하나 샀다. 그러고선
트랜스 음악에 맞춰 춤추기 시작했다.

　그녀는 이튿날 정오 즈음 티셔츠만 입은 채 베란다에서 깨어났다.
어떻게 집까지 왔는지는 기억에 없었다. 다음 날 셰이마는 법원으로
가서 재판장의 사무실로 들어갔다.

　"변호인을 사임하고 싶습니다." 그녀가 말했다.

　"원하실 대로 하세요." 재판장이 말했다. "하지만 그러면 나는 당신

을 해당 피고인의 국선변호인으로 지정하겠습니다."

"그렇게 하실 수는 없을 텐데……" 셰이마가 말했다.

"아니요, 나는 그럴 수 있고 그렇게 할 겁니다." 재판장이 말을 끊었다. "나는 당신이 사임을 원한다는 이유만으로 아홉 번째 차수까지 간 재판을 중단하지 않을 겁니다. 나는 그 증인에게 같은 증언을 반복해달라고 부탁하지도 않을 겁니다."

그녀는 셰이마를 다정하게 바라보았다.

"이렇게 큰 사건을 맡은 건 처음인가요?" 그녀가 물었다.

"네." 셰이마가 말했다.

"이해합니다. 하지만 이쪽 일은 늘 이렇습니다."

"저는 그 사람을 계속 변호하고 싶지 않습니다."

"미안합니다만 그걸 정하는 건 당신이 아닙니다. 당신은 그렇게 간단하게 사임할 수 없어요. 당신과 당신 의뢰인 사이의 관계가 파탄에 이르러 국선변호인으로의 지명조차 고려될 수 없다는 것을 증명할 수 있어야 가능한 일입니다. 당신이 그를 좋아하지 않다거나 당신이 그의 마음에 들지 않는다는 것 정도로는 정당한 사유가 될 수 없습니다. 지금 내 앞에서 의뢰인에 대한 혐오를 확실하게 드러냈고 그것만으로도 나는 당신이 변호인의 의무를 위반한 것으로 평가할 수 있습니다. 하지만 이게 당신의 첫 사건이란 점을 참작해서 그렇게까지 하진 않겠습니다."

셰이마는 아무 말도 하지 않았다.

"나는 당신이 당신의 의뢰인을 계속해서 체계적으로 그리고 포괄적으로 변호하길 기대합니다. 그 사람 또한 다른 모든 피고인과 마찬가지로 변호를 받을 권리가 있습니다. 내일 법정에서 봅시다." 판사가 말했다.

피고는 징역 14년 6개월을 선고받았다. 관련 범죄 최고형보다 6개월이 적었다. 셰이마는 그날 오후 상고를 신청했지만 항소의 이유를 적기가 쉽지 않았다. 연방법원은 유죄 판결을 받은 자가 정말 그 범행을 저질렀는지를 검토하지 않는다. 1심 판사가 증거를 정확하게 평가했다면 그 판결이 진실을 말하는지는 연방법원이 신경 쓸 바 아니었다. 단, 증거가 모순되거나 불분명하거나 불완전하면 문제가 됐다. 형량 또한 1심 판사의 재량이고 피고와 증인을 대면하는 것도 1심 판사들뿐이었다. 연방법원에선 재판이 반복되지 않았기 때문에 증인이나 전문가를 불러 의견을 청취하지도 않았다. 오직 그 판결에 법적인 오류가 있을 때, 다시 말해 그 판결이 법에 위반될 때만 연방법원은 1심 판결을 파기했다. 그런데 그런 일은 거의 일어나지 않았기에 사실상 대부분의 상고는 기각되었다. 셰이마는 판결문이 송달된 지 한 달 안에 항소 이유서를 제출해야 했다. 그녀는 하루에 열다섯 시간을 로펌 도서관에서 보내며 휴대전화를 끈 채 아무도 만나지 않았고 이메일도 읽지 않았다. 영감은 끊임없이 그녀가 쓴 내용을 점검한 후 "부족합니다." 라는 말을 자주 했다. "좀 더 분명하게 쓰십시오. 문장이 너무 복잡합니다. 무슨 말을 하려는지 아무도 이해할 수 없어요. 내가 보기엔 당신조차 완전히 이해하지 못하고 있어요. 모든 것이 확실하게 이해될 때까지 계속해서 고민하고 또 고민해야 합니다." 그의 평가는 가혹했지만 그녀는 이 기간에 많은 것을 배울 수 있었다. 셰이마는 얼마 되지 않는 수면 시간 동안에도 항소 이유서를 쓰는 꿈을 꿨다. 그리고 3주 반 만에 드디어 오류 하나를 발견했다. 재판장은 증인이 증언하는 동안 피고를 재판에서 배제했다. 재판장에겐 그럴 권한이 있지만 문제는 피고가 다시 법정에 들어오기 전에 증인을 내보낸 것이 착오였다. 피고는 형사소송의 주체이지 객체가 아니므로 피고에겐 재판에 참여할 의무와 책임이 있다. 따라서 피고는 증인을 내보낼지 말지를 함께 결정할 수 있고 함께 결정했어야 했다. 그런데 해당 재판에서 피고는 증인이 나갈 때 자리를 비운 상태였기 때문에 그렇게 할 수 없었다. 물론 재판장이 그의 권리를 의도적으로 제한한 건 아니었지만 그건 중요치 않았다. 법은 엄격했다.

넉 달 후 연방법원은 1심 판결에 대한 파기 환송을 결정했다. 다른 형사법원에서 공판이 다시 진행되었다. 새로 시작된 재판에 증인은 나타나지 않아 판사는 그녀에 대한 강제 구인을 명령했다. 루마니아의 부모는 그녀가 베를린에서 돌아오지 않았다고 말했다. 경찰은 그녀를 찾아내지 못했다. 익명의 제보자가 경찰에게 그 젊은 여성은 첫 재판에서 증언한 후 살해되어 쓰레기장에 버려졌다고 주장했지만 증거를 내놓지는 못했다. 며칠 후 판사는 피고의 무죄 방면을 선고했다.

다른 증거들은 혐의를 입증하기에 충분치가 않았다.

선고가 있고 난 뒤 셰이마는 컴퓨터와 서류를 핸드백에 넣고 의뢰인과 작별했다. 그녀는 재판을 취재해온 법원 출입 기자 두 명과 짧게 이야기를 나눈 뒤 로비를 지나 출구로 난 계단을 내려갔다. 거리로 나온 그녀는 전화를 걸 만한 사람이 누가 있을까 생각해보았지만 아무도 떠오르지 않았다. 그녀는 차를 타고 크로이츠베르크의 터키 제과점으로 가서 알록달록한 각설탕과 레몬주스, 장미수, 피스타치오, 그리고 꾀꼬리 둥지*라 불리는 터키 과자를 한 판 샀다. 그때 잔주름 하나 없이 다림질된 새하얀 셔츠를 입은 소년 하나가 가게로 들어왔다. 소년은 벽 세 면에 긴 선반을 얹어 만든 유리 진열장을 하나하나 살폈다. 아마 여덟 살 혹은 아홉 살쯤 됐을 것이다. 소년의 손엔 동전 하나가 들려 있었다. 선택하기까지 시간이 오래 걸렸다. 간혹 무언가를 가리키면 제과점 주인이 터키어로 말하고 그러면 소년은 만족스러운 듯 고개를 끄덕였다. 셰이마는 계산대에 서서 소년을 바라보았다. 갑자기 자기 나이가 너무 많은 것처럼 느껴졌다. 그녀는 가게를 나와 사무실로 가서 영감을 만났다. 그들은 함께 작은 공원을 걸으며 그들이 지난 몇 주 동안 자주 앉아 재판에 관해 얘기했던 분수 앞 벤치를 지나갔다. 밝고 따뜻한 봄날이었다. 그들은 광장 카페에 앉아 칼과 포크가 쩽그랑대는 소리와 손님들의 말소리, 그리고 놀이터에서 아이들

---

* 터키어로는 뷰루뷰루 유바스(Bülbül Yuvası)라고 한다. 동그랗게 빚은 페이스트리 반죽 위에 헤이즐넛을 여러 개 올려 구운 다음 설탕 시럽을 바른 달콤한 디저트로 새 둥지 모양이다.

왜 살인자에게 무죄를 선고했을까?

의 카랑카랑한 목소리를 들었다.

"나는 이 일을 다르게 생각했었어요." 셰이마가 말했다.

그들은 커피를 주문한 다음 그녀가 들고 온 봉지를 열어 그들의 입과 혀가 완전히 찐득찐득해질 때까지 달콤한 디저트를 먹었다.

변호사 윤리장전 제19조
변호사는 의뢰인이나 사건의 내용이 사회일반으로부터 비난을 받는다는 이유만으로 수임을 거절하여서는 아니된다.

Story 8

구원

성(聖)금요일*

나무의자, 석회를 바른 벽, 높은 창문 등 그녀는 이 성당을 속속들이 잘 알고 있다. 이곳에서 첫영성체를 받았고 결혼식도 여기서 올렸다. 그녀는 언제나처럼 셋째 줄 같은 자리에 앉았다. 그녀의 아들은 일주일 전 조부모와 함께 스키 여행을 떠났다.

"지금이 주님의 임종 시각입니다." 신부님이 말했다.

신부님이 암적색 수단을 입었다는 것은 오늘이 그리스도 수난일이라는 뜻이다. 그리스도 수난일에는 초나 향을 켜지 않고 제단 위 덮개도 벗기며 평소에 병풍처럼 펼쳐놓는 주변 그림들도 모두 접는다. 그녀는 항상 똑같이 진행되는 미사 순서가 좋았다. 무릎을 꿇었다가 일어나고 기도를 올리는 동일한 절차에서 마음의 평안을 얻었기 때문이다.

그녀는 다시금 남편을 떠올렸다. 그들은 17년 전 다니던 회사에서 처음 만났다. 근방에서 제일 큰 자동차 부품 기업체였다. 당시 그녀는 사장 비서실에서 일했다. 독일 북부 출신인 그는 아직 소년티가 남

---

* 예수가 십자가에 달려 돌아가신 날을 기념하는 절기로 그리스도 수난일이라고도 한다. 독일에선 성금요일과 부활일 이튿날인 월요일이 휴일이고 학교는 그 무렵 2주간을 부활절 방학으로 쉰다.

아 있는 순진한 사내였는데 그녀는 그와 대면하기도 전에 이력서 사진만 보고 그를 사랑하게 됐다. 사진에서 그는 깨끗하게 면도를 하고 깔끔하게 가르마를 탄 단정한 모습이었다. 그의 이력서에도 빈틈이라곤 없었다. 철자 하나 틀리지 않았고 종이도 깨끗했다. 그 하나하나가 그녀 마음에 쏙 들었다. 그가 채용되자 그녀는 그에게 축하 인사를 했다. 구내식당에서 몇 번 점심을 함께 먹은 다음 그가 그녀에게 영화를 보러 가자며 데이트를 신청했다. 그날 저녁 그는 소매 끝과 옷깃이 니트로 마감된 최신식 가죽 재킷을 입고 나왔다. 그에게선 멘톨이 섞인 비누 향이 은근하게 났다. 그녀가 먼저 그의 흰 손을 잡았고 나흘 후 그들은 잠자리를 함께했다. 그는 작업반장으로, 그리고 다시 수석 엔지니어로 승진했다. 사회적으로도 능력 있는 사람이었지만 그녀의 아버지는 결혼식 전까지 남자를 못마땅하게 여겼다. 그녀의 아버지는 산악 지대와 알프스를 넘어 불어오는 건조한 푄 바람이 그를 변하게 할 수도 있다고 경고하며 남자의 출신을 문제 삼았다. 그래도 그들은 결혼에 성공했다. 그녀 부모님이 갖고 있던 임야에 드넓은 초원과 밭, 그리고 저 멀리 알프스 자락까지 내다보이는 집을 지었다. 그녀는 그 동네에서 초등학교를 졸업했다. 그녀의 첫사랑은 여관집 아들이었고 그녀의 단짝 친구는 제과점집 딸이었다. 그녀는 행복했고 만사가 형통할 것처럼 보였다.

"그리스도는 사람의 몸으로 모든 죄를 감당하셨습니다." 신부님이 말했다. 그녀는 앞자리에 앉아 있는 동네 약국 약사의 훤히 드러난 두

왜 살인자에게 무죄를 선고했을까?

피를 쳐다보며 검버섯이 몇 개인지 셌다. 기도 시간에 어떤 아기가 소리를 질러댔다. 그녀가 상관할 바가 아니었기에 굳이 몸을 돌려 쳐다보지는 않았다. 하지만 왠지 모르게 아들이 떠올랐다.

평범하던 일상은 아이가 태어나고 나서 모든 것이 변했다. 그녀의 남편은 분만실로 들어오길 원했고 의사는 신경 쓰지 않았다. 그녀는 나중에야 남편이 안에서 무엇을 보았는지 알게 되었다. 그는 그녀의 질 입구가 열리는 장면을 보면서 그녀가 쏟아내는 피와 오줌과 똥의 냄새를 맡아야만 했다. 의사는 아이를 그녀의 배 위에 올려놓으며 아직은 태지가 벗겨지지 않아 치즈 범벅 같다고 말했다. 시간이 지난 후에도 남편은 자주 그 단어를 입에 올리곤 했다.

그녀가 갓난아기를 품에 안고 집으로 돌아오자 남편은 아내와 아이를 자상하게 돌보았다. 그녀 대신 장을 봐서 음식을 만들었으며 청소도 하고 밤에 아기가 울면 안아서 그녀에게로 데려왔다. 퇴근을 하면 집 안까지 신발을 신고 들어오는 대신 현관 앞에서 신발을 벗고 솔로 신발 바닥을 닦아 마른 걸레 위에 가지런히 올려두었다. 그는 걸리는 게 너무 많다며 더 이상 바지 주머니에 동전을 넣지 않았다. 그러다 자꾸 식은땀에 젖은 채 비명을 지르며 잠에서 깨는 날이 계속되었다. 그의 상태는 점점 더 나빠졌다. 그는 자기 발톱이 꿈에 나온다고 말했다. 검게 변한 발톱이 거대하게 자라서 자기를 빤히 쳐다본다고 했다. 나중에는 부부가 잠자리하는 것도 복잡해졌다. 그는 침대보를 더럽히고 싶지 않다며 더 이상 침대에서 관계를 하지 않으려 했고 뒤처리하기 편한 욕실에서 관계를 하는 게 좋겠다고 했다. 한동안 그녀는 그가 하자는 대로 했다. 하지만 얼마 지나지 않아 그가 그녀를 안는 것을 썩 내켜 하지 않는다는 사실을 눈치챘다. 그리고 어느 날 밤, 그녀는 남편이 욕실 라디에이터 앞에 앉아 있는 것을 보았다. 그는 목에 밧줄을 걸친 채 앉아서 자위를 하고 있었다. 앞에 놓인 휴대전화에서는 포르노가 나오고 있었다. 그녀는 서둘러 욕실 문을 닫으려 했지만 그는 그녀에게 그대로 있어달라고 부탁했다. 사정이 끝난 뒤, 그는 이젠 이런 식으로밖에 되지 않는다고 말했다. 그녀의 다리 사이에서 항상 아들의 머리가 보인다고 했다. 흠뻑 젖은 검은 머리가.

그는 말이 없어졌다. 공장에서 퇴근하면 곧장 들어오지 않고 집 앞 벤치에 앉아 있었다. 끌어 올린 무릎 사이로 턱을 묻고 몇 시간을 미동도 없이 앉아 있다가 고개만 살짝 들어 산을 바라보곤 했다. 그녀가 말을 걸어도 아무런 반응이 없었다. 그는 오직 그들이 침대에 누웠을 때만 가끔 말을 했는데 그마저도 그녀는 이해할 수 없는 음울한 얘기들이었다. 가령 눈이 없는 심해어나 만년설로 뒤덮인 행성에 관한 얘기였다. 어느 날 그가 어떤 중요한 납품 일정을 맞추지 못하자 회사는 그에게 첫 번째 경고를 날렸다. 그리고 그가 자기 사무실 문을 잠그고 몇 시간을 말 없이 처박혀 있자 두 번째 경고가 날아왔다. 그녀는 정육점에서 이웃들이 남편에 대해 하는 얘기를 들었고 얼마 후에 잠수복 사건이 터졌다.

미사가 끝나자 모두 성당을 나왔다. 그녀는 신부님과 악수를 했다. 집으로 돌아오면서 앞뜰에 황화구륜초와 아네모네 꽃이 핀 것을 보았다. 어느덧 밝은 파란색 꽃잎이 바람에 한들대는 봄날이 된 것이다. 머리카락이 바람에 나부껴 얼굴을 간지럽혔다.

반쯤 앉은 자세로 엉덩이가 몇 센티미터 바닥에서 떨어진 채 그녀의 남편은 밧줄에 매달려 있었다. 밧줄의 다른 끝은 욕실 천장과 바닥에 수직으로 고정된 긴 라디에이터 기둥에 휘감겨 있었다. 그는 검은색 잠수복을 입고 있었다. 몰디브로 신혼여행을 갈 때 산 잠수복이었다. 그 잠수복에는 1센티미터 간격으로 슬라이스 치즈 조각이 붙어 있었다. 고무 위에 치즈를 붙이고 남은 셀로판 비닐이 시신 옆을 아무렇게나 굴러다녔다. 그리고 음식을 보관할 때 쓰는 투명 랩이 머리에 둘둘 감겨 있었는데 비닐에 눌려 평평해진 얼굴이 기묘했다. 잠수복 아래로 난 구멍으로 생식기가 빠져나온 그의 모습은 마치 한 마리 짐승 같았다. 그녀는 우선 수건으로 그의 성기를 덮은 다음 욕조 귀퉁이에 걸터앉았다. 그렇게 시간이 얼마나 흘렀는지 알 수 없었다. 그러다 어느 순간 시신 옆에 무릎을 꿇고 팔로 그의 머리를 움켜안고선 얼굴에서 랩을 벗겨내 머리카락을 가지런히 정리했다. 그녀는 치즈 조각을 하나씩 떼어냈는데 그중 몇 개는 이미 녹아내린 상태였다. 그녀가 검은색 잠수복을 벗기고 침대로 데려가는 데는 두 시간 가까이 걸렸다. 정리를 끝낸 그녀는 녹초가 되었고 화가 났다. 그의 옆에 누워 20분쯤 울었다. 그리고 잠이 들었다.

잠에서 깬 그녀는 말짱한 정신으로 돌아와 상황 파악을 했다. 그녀는 뜨거운 물로 오랫동안 샤워를 한 다음 화장을 하고 깨끗한 옷으로 갈아입었다. 그리고 거실로 나와 주치의에게 전화를 걸었다. 의사는 시신의 눈에서 결막하 출혈을, 목덜미에서는 상처를 발견했다. 그는 그녀에게 자연사가 아니니 경찰에 신고해야 한다고 말했다. 그녀는 인근 도시 경찰서에서 형사가 찾아올 때까지 부엌에서 기다렸다. 자정을 넘겨서 그들이 왔다. 그녀는 경찰서로 이송된 다음 구두끈과 벨트를 압수당했다. 자살 위험 때문이라고, 여경관이 말했다. 집 열쇠, 손목시계, 목걸이, 결혼반지, 핸드백도 빨간 플라스틱 바구니에 넣어야 했다. 지문도 채취되었다. 신문을 받는 동안 그녀는 줄곧 남편을 침대에서 발견했다고 진술했다. 아직 미혼에 아이도 없는 젊은 남자 경관이 휴일 근무를 떠맡았는데 그는 그녀의 진술을 믿지 않았다. 경관은 그녀가 침대에서 자고 있던 남편을 교살한 후 샤워를 하고 주치의를 불렀을 거라고 말했다. 욕실 수건이 물기가 마르지 않은 채로 발견되었다. 계속 경관의 말을 반박하는 게 무의미했으므로 그녀는 자기가 무슨 이유로 그런 일을 저질렀겠느냐는 말만 거듭했다. 그러다 더는 대꾸조차 하지 않았고 결국 유치장으로 보내졌다.

왜 살인자에게 무죄를 선고했을까?

성토요일

경찰서는 자갈 노출 콘크리트로 지어진 60년대 건물이었다. 그녀는 변호사가 기다리고 있는 면회실로 인도되었다. 면회실은 책상과 의자, 컴퓨터 등 모든 집기가 비닐로 덮여 있었고 페인트와 래커 냄새가 났다. 그녀는 샤워를 해야겠다고 말했다. 경관은 건물 전체 보수 공사 중이라 샤워가 불가능하다고 말했다. 그녀의 수갑이 풀어졌다.

변호사와 단둘이 남겨진 그녀는 경찰에게 했던 것과 똑같은 말을 되풀이했다. 변호사는 그녀를 빤히 쳐다보면서 그녀가 하는 말을 잠자코 듣고 있었다. 단, 손가락 사이로는 만년필을 분주하게 돌리고 있었다. 그는 종종 변호인이 진실을 알지 못하는 게 나을 때도 있다고 말했다. 그래야 기존의 수사를 의심하고 검찰의 허점이나 결함 혹은 논리의 구멍을 찾아내기 쉬울 때가 분명히 있기 때문이다. 하지만 이 경우는 다르다고 했다. 너무 많은 것들이 그녀의 진술과 어긋나기 때문에 그녀는 구속을 피할 수 없을 것이며 재판에서 이긴다고 해도 이 작은 마을에서 그녀의 평판은 땅바닥에 곤두박질칠 것이라고 했다.

그녀는 창밖을 바라보며 아무 말도 하지 않았다. 월요일이면 부활절을 기념하는 불놀이가 시작될 테고 이제 곧 하늘이 어둑어둑한 계절도 끝이 날 것이라고, 그녀는 생각했다. 그녀는 손바닥으로 비닐에 주름이 사라질 때까지 책상을 문질렀다. 그러고선 매우 빠른 어조로 얘기를 시작했다. 그녀의 결혼과 남편 그리고 아들에 대한 얘기였다. "그는 정상이 아니었어요." 그녀가 말했다. 그녀는 그가 변한 까닭

왜 살인자에게 무죄를 선고했을까?

이 산에서부터 불어 내려오는 건조한 푄 바람 탓일 수도 있겠다고 했다. 그녀는 처음 발견했을 때 그가 어떤 모습이었는지를 사실대로 털어놓았다. 하지만 온 마을이 그 사실을 알게 할 순 없었다고 했다. 어쨌든 그녀는 계속 그 마을에서 살아가야 하니까. 그녀가 그를 침대로 끌고 와 눕힌 이유는 그와 자신이 흉흉한 소문에 휩싸이지 않게 하려는 목적뿐이었다고 했다. 스캔들의 주인공이 되지 않기 위해서 그 길밖에 없었다. 변호사는 그녀의 말을 끊지 않았다. 도대체 무엇이 그를 그렇게 만든 것인지 모르겠다며 그녀가 울기 시작했다. 변호사는 고개를 들었다. "사람들은 종종 그런 행동을 하곤 합니다." 그녀에게 손수건을 건네며 그가 말했다. 오늘 체포되었기 때문에 구속적부심은 내일 열릴 것이고 그에 앞서 판사와 이야기를 해보겠다고, 그는 덧붙였다. 잠시 후 경관 하나가 간단한 샌드위치와 요구르트, 음료수를 구금실로 가져왔다. 안됐지만 구내식당이 닫아서 차가운 음식밖에 줄 수 없다고 말했다. 그는 철창 쪽으로 몸을 구부리더니 원래는 그녀에게 알려서 안 되는 사실이지만 살인 사건 전담반이 그녀의 집 주차장에서 검은 비닐봉지에 든 잠수복을 찾았다고 알려줬다. 그것들은 모두 법의학실에서 감식 중이라고 덧붙였다. 그녀는 가져다 준 음식을 입에 대지 않았고 밤새 잠도 거의 자지 못했다.

부활절

그녀는 판사 집무실 앞 나무의자에 앉았다. 변호사가 그녀에게 작은 목소리로 얘기했다. 그는 남성이 발기하면 사정하기 얼마 전에 방광 뒤 분비샘에 자극이 간다고 설명했다. 그러면 분비샘에선 분비물이 나오는데 이 액체에 아주 소량이지만 정자도 섞여 있다고 했다. 그런데 법의학자가 잠수복에서 그 흔적을 발견했다고 말했다. 그녀는 그런 불편한 단어를 계속 듣고 있는 게 힘들었다. 발견된 밧줄에는 라디에이터의 기둥 자국이 남아 있었고 치즈와 치즈를 감싸고 있던 셀로판 비닐, 그리고 투명 랩에서 사망자의 지문까지 발견되었다. 그녀는 혐의를 벗었다. 하지만 담당 검사는 구속영장을 청구했다. 이 지역에서 사망 사건은 흔한 일이 아닌 만큼 검사는 형사 법원이 직접 결정하길 바란다고 했다.

판사는 체크무늬 셔츠 위에 코듀로이 재킷을 입었다. 그건 판사에 적합한 옷차림이 아니라고, 그녀는 생각했다. 그가 재판하지 않을 땐 어떻게 살지를 상상했다. 점심을 먹고 아이들을 학교에 데려다주고 저녁이면 텔레비전 앞에 앉아 있는 그의 모습을 떠올려보았다. 판사가 그녀에게 진술을 원하느냐고 물었고 그녀는 고개를 흔들었다. 변호사는 사건의 전말을 다시 한 번 되짚었다. 그녀는 그의 말을 귀기울여 들었지만 모든 것이 자신과는 상관없는, 그저 비현실적인 이야기처럼 들렸다. 그녀의 남편은 낯선 사람이었다. 집에 가고 싶었지만 어디로 가야 할지를 몰랐다.

판사는 법의학자를 방으로 불렀다. 그는 전문가 증인으로 선서를 했다. 의사가 말하길, 밧줄이 죽은 남성의 경동맥을 압박하여 질식한 것으로 사인은 분명하다고 말했다. 그는 사람들이 왜 그런 짓을 하는 지는 아직 분명히 밝혀지지 않았으나, 뇌에 산소가 부족하면 강한 오르가즘을 느낀다는 것은 오래전부터 널리 알려진 사실이라고 했다. 아마도 대뇌변연계의 오작동이거나 혹은 척수에서 비롯된 현상일 수도 있다고 했다. 의사는 이 사실이 이미 수백 년 전부터 알려져왔다고 말했다. 고대 그리스인들도 그걸 알고 있었고 고대 로마의 꽃병에도 목이 졸린 상태에서 고조된 흥분을 느끼는 사람의 모습이 그려져 있다고 했다.

"남성의 후두에서 오래된 상처들이 발견된 것으로 보아 그는 아마 이전에도 종종 그런 행위를 했었던 것으로 추측됩니다." 법의학자가 말했다.

"투명 랩은 어떤 용도로 쓰인 거죠?" 판사가 물었다.

"패티시의 일종인 것 같습니다. 그는 치즈와 비닐, 고무 등의 냄새에 흥분을 느꼈을 수 있습니다. 어쨌건 우리는 그가 랩 때문에 질식사했다는 결론은 배제했습니다. 랩에서 몇 개의 구멍을 발견했고 그 사이로 그는 숨을 쉴 수 있었습니다. 구멍 주변에 사망자의 타액이 남아 있었거든요."

"그런데 슬라이스 치즈와 잠수복이라니, 너무 이상하지 않습니까?"

"사실 이와 유사한 사건이 반복적으로 일어나고 있습니다. 몇 달 전 우리는 커다란 비닐봉지에서 한 남성을 발견했는데 그 남성은 여자

속옷을 입고 다리가 밧줄로 묶인 채 입구가 밀봉된 비닐봉지 안에 들어 있었습니다. 그는 진공청소기 흡입구를 봉지 안으로 넣어 진공 상태를 만들려고 했었죠. 진공청소기의 전원 스위치에 가는 실을 연결한 다음 봉지로 들어가 입구를 막고 실을 당겨 청소기를 작동시켰어요. 굉장히 정교한 구조였죠. 그런데 그 남성이 잘못 생각한 게 하나 있었습니다. 진공청소기의 흡입력이 생각보다 셌던 것이죠. 청소기는 몇 초 만에 비닐봉지 속 공기를 모두 빨아들였고 비닐이 그의 몸을 옴짝달싹 못 하게 휘감은 나머지 스위치를 끌 수가 없었어요. 청소기는 계속해서 돌아갔고 남성은 끝내 질식사했습니다."

판사는 고개를 끄덕였다. "그렇다면 우리 사건에선 정확하게 무슨일이 일어난 겁니까? 물론 증인이 아는 선에서 말하자면요."

"남성은 밧줄을 라디에이터에 감아 고정한 다음 자기 목에 맸습니다. 그리고 서서히 미끄러지면서 자위를 했죠. 그러다 목에 걸린 고리가 꽉 조여지게 되자 경동맥을 건드리게 된 거죠. 경동맥은 아주 작은 압력에도 폐쇄됩니다."

"죽을 때 고통이 심합니까?"

"아닙니다. 매우 빠르게 진행되기 때문에 질식에 관한 감각을 느낄 새가 거의 없습니다. 경동맥이 완전히 폐쇄되면 약 15초 후에 의식을 잃게 되고 압박이 계속 유지될 경우 10분에서 12분 안에 뇌사 상태에 빠집니다."

"증인은 그가 이미 여러 번 그런 행위를 해왔을 거라고 말했습니다.

왜 살인자에게 무죄를 선고했을까?

그런데 이번엔 무엇이 잘못된 걸까요?"

"여러 가지 가능성이 있습니다. 라디에이터에 너무 오래 매달려 있느라 밧줄에서 벗어날 힘이 남아 있지 않았을 수 있습니다. 아마 벗어나려 애를 썼을 테지만 미끌미끌한 타일에 발이 미끄러졌을 수도 있죠. 혹은 너무 빨리 의식을 잃어버렸을 가능성도 있습니다. 이런 식으로 성감을 자극하는 행위에는 항상 극단적 위험이 뒤따릅니다. 이와 비슷하게 성행위를 하는 사람들은 오르가즘을 느낀 게 아니라 스스로 오르가즘이 되었다고 합니다. 계속 그런 행위를 반복하게 되기 때문에 중독과 비슷하게 여겨집니다."

"즉 외부적으로 영향을 받은 흔적은 없다는 말이죠. 제가 증인의 말을 제대로 이해했다면요." 변호사가 말했다.

"다른 사람이 그의 죽음에 어떤 영향을 끼쳤을 가능성을 완전히 배제해선 안 되지만 그 가능성을 확실하게 증명할 수는 없습니다. 즉, 법의학적 관점에서 우리는 이 사건을 사고로 보는 게 맞습니다."

모두가 잠시 서로를 바라보았다. 그리고 변호사는 메모장에 무언가를 썼고 판사는 속기사가 적을 수 있도록 사건의 개괄을 구술했다.

"다른 질문이 더 없다면……" 판사는 검사와 변호사를 쳐다보며 말했다. 둘 다 고개를 저었다. "전문가 증인은 나가도 좋습니다. 오늘 시간 내주셔서 감사합니다. 남은 연휴 잘 보내시길."

법의학자는 들고 온 서류를 챙겨서 판사 집무실을 떠났다. 검사가 구속영장 청구를 취하하겠다고 말하자 판사는 고개를 끄덕였다. 그는 책상 서랍에서 초록색 메모지 한 장을 꺼내 서명했다. 그러고선 그녀가 방면되었다고 말했다.

▾ ▴ ▾

부활절 이튿날 월요일

제단에는 다시 덮개가 씌워졌고 마리아가 예수 그리스도의 시신을 안고 있는 제단화도 평소처럼 다시 펼쳐졌다. 미사 전 교회 앞마당에서 사람들은 그녀에게 다가와 남편의 죽음에 대한 조의를 표했다. 이웃들은 조금 있다가 그녀의 집에서 커피를 마시기로 했다. 그의 장례식은 2주일 후로 잡혔다. 그녀는 신부님과 함께 장례미사에 쓰일 성경 구절을 찾을 것이다. 격식 있고 엄격한 구절로. 이 마을에서 아무도 그녀가 구류되었단 소식을 듣지 못했고 앞으로도 듣지 못할 것이라고, 변호사는 약속했었다. 오늘 아침 그녀는 욕실 라디에이터 앞에 섰다. 그리고 그는 여기에 없다고, 생각했다.

"은혜로 여러분들은 구원받았습니다." 신부님이 말했다.

오늘따라 유독 교회가 밝게 느껴졌고 미사도 유쾌했다. 그가 교구 전체를 위한 축복기도를 올리자 모두 일어나 찬송을 부르기 시작했다. 그녀가 아이 때부터 부르던 찬송이었다. 그 순간 그녀는 자신을 용서하기로 했다. 그녀는 그저 그가 완전한 평온을 찾길 바라며 그의 가늘고 흰 손이 바닥에 편안하게 놓일 때까지 그의 머리에 묶인 밧줄

왜 살인자에게 무죄를 선고했을까?

을 끌어당겼을 뿐이다. 오늘은 구원의 날이다. "주여, 우리를 불쌍히 여기소서." 그냥 이것만 생각하기로 했다. 그리고 그녀는 큰 소리로 부활절 월요일에 부르는 기쁨의 찬송을 불렀다.

기소편의주의
대한민국 형사소송법 제247조

검사는 「형법」 제51조의 사항을 참작하여 공소를 제기하지 아니할 수 있다.

형법 제51조 (양형의 조건)
형을 정함에 있어서는 다음 사항을 참작하여야 한다.
❶ 범인의 연령, 성행, 지능과 환경
❷ 피해자에 대한 관계
❸ 범행의 동기, 수단과 결과
❹ 범행 후의 정황

썩은 생선

그가 사는 구역에선 부모가 자녀들을 학교에 데려다주지 않았다. 거기서 몇 킬로미터 떨어진 도시의 서쪽 구역은 분위기가 달랐다. 톰은 언젠가 한 번 본 적이 있었다. 그곳에선 부모들이 아이들의 책가방을 자동차에서 내려주고 아이들에게 입을 맞춘 다음 교문까지 데려다주었다. 부모들은 서로 엇비슷하게 생겼고 아이들 역시 서로 비슷해 보였다. 하지만 그가 사는 구역, 160개의 다른 나라 출신들이 모여 사는 이곳은 사는 법이 달랐다. 무엇보다 유년 시절이 짧았다.

그들은 여느 날 아침처럼 제과점 앞에서 만났다. 톰의 친구는 어떤 여자애 얘기를 늘어놓았다. 그렇게 단순한 애가 아니라 그녀 앞에서 실수를 많이 하게 되는데 그러다간 여자애가 도망가서 이상한 소문을 퍼뜨릴지도 모른다고 친구는 말했다. 톰은 고개를 끄덕였지만 사실 그 얘기엔 전혀 관심이 없었다. 그는 슈퍼마켓에서 담배를 훔쳐야 했지만 실패했다. 다른 아이들이 밖에서 기다리고 있었다. 하지만 그는 그걸 해내지 못했다. 그들, 톰과 친구 그리고 다른 아이들은 언제나처럼 같은 길로 갔다. 걸으면서 담력 테스트에 관해 조용한 목소리로 진지하게 이야기를 나눴다. 톰은 겁이 났다.

그들은 그 남자를 썩은 생선이라고 불렀다. 보통 그들은 그의 집 앞을 바로 지나가지 않고 길을 건너 맞은편 길로 지나갔다. 그는 항상 처마 아래에 등나무 의자를 놓고 앉아 있었다. 비가 오나 눈이 오나 늘 거기에 앉아 있었다. 예전 전쟁에서 폭탄 하나가 떨어져 집과 붙어 있던 앞집과 옆집은 무너져 내렸지만 건물의 뒷부분에 해당하는 그의 집만은 그대로 남아 있었다. 집 앞에는 잡초가 자랐고 자동차 타이어, 곰팡이 핀 널빤지, 머리가 없는 곡괭이, 깨진 두꺼비집 등이 그 위를 나뒹굴었다. 집 벽엔 곰팡이가 슬었고 반지하의 창문들은 모두 깨져 있었다. 그리고 그곳에선 생선가루와 탄 우유, 그리고 휘발유 냄새가 나 날이 더워지면 그 냄새가 학교까지 풍겼다. 썩은 생선에 관해선 여러 가지 설이 나돌았다. 누구는 그가 살인을 저질러 대부분의 나라에서 수배 중이라고 했고 그가 강에서 생선을 잡아 산 채로 머리를 뜯어 먹는 걸 봤다는 얘기도 있었다. 지하실에서 우유를 끓여 이 도시의 쥐들을 먹여 살린다는 소문도 돌았다. 또 어떤 애들은 그가 학교 열쇠를 갖고 있어서 밤이면 복도를 돌아다니며 학생들의 사물함을 핥아 먹는다고도 했다.

톰은 길을 걷는 내내 오늘만은 썩은 생선이 거기 없길 바랐지만 그는 언제나처럼 거기에 있었다. 썩은 생선은 검은색 선글라스를 쓰고 있었고 구멍난 재킷과 더러운 바지를 입고 있었다. 하지만 그의 신발만은 광이 났다. 매우 좋은 신발처럼 보여서 그 사람과는 어울리지 않았고 그가 풍기는 냄새와도 당연히 어울리지 않았다.

그들은 그 집 근처 공터에 섰다. 톰이 애걸했다. "담배를 한 번만 더 시도해볼게. 이번에 성공하면 다 쓸어 올 수도 있어." 그는 머릿속으로 끊임없이 되뇌었던 문장을 쏟아냈지만 막상 입 밖으로 내뱉으니 생각만큼 그럴듯하게 들리진 않았다. "너무 늦었어." 그들이 단호하게 말했다. 별 다른 도리가 없었던 톰은 이제 썩은 생선에게로 가야만 했다. 담장을 넘어 적어도 다섯 걸음은 들어가야 했다. 그리고 거기에 서서 그를 향해 '썩은 생선'이라고 소리를 질러야 했다. 그렇지 않으면 그는 겁쟁이가 되고 오늘부터 모두가 그를 이름 대신 그렇게 부르게 될 것이다. 톰은 마지못해 책가방을 다른 아이들에게 넘겼다. 썩은 생선이 나를 죽이면 쟤들이 저걸 엄마에게 갖다주겠지, 그는 생각했다. 그는 열린 마당 문으로 걸음을 하나둘 세며 정확하게 다섯 걸음 들어간 뒤 멈췄다. 아직은 썩은 생선이 움직이지 않았지만 톰은 냄새를 견디기 힘들었다. 날이 몹시 더웠는데도 돌바닥 위에 난 이끼가 젖어 있었다. 그는 숨을 크게 들이마시고 두 눈을 질끈 감은 채 소리를 질렀다.

"안녕, 썩은 생선!!!"

그리고 그 순간 자신이 얼마나 바보 같은 짓을 저질렀는지 깨달았다. 그는 재빨리 어떤 다른 말을 하려고 했다. 뭐든 친절한 말을. 하지만 그의 머릿속엔 아무것도 떠오르지 않았다. 머리는 텅 비었고 입은 바짝 타들어갔다. 남자가 고개를 들자 톰은 그의 선글라스 렌즈에 비

친 자기 모습을 볼 수 있었다. 머리카락이 없는 남자의 두상은 땀에 젖어 있었다. 남자가 안경을 벗자 톰은 그의 움직임을 알아채고 도망치려 했지만 그럴 수 없었다. 썩은 생선은 맹인이었다. 그의 왼쪽 눈은 하얗게 죽어 있었다. 하지만 다른 눈은 톰에게 고정돼 있었다. 동공의 테두리가 풀려서 파란색 실밥 같은 것이 홍채 위로 너덜거렸다. 그 눈이 점점 커지기 시작했고 온갖 소음과 색깔, 심지어는 냄새까지도 눈 속으로 사라지는 것 같았다. 마치 눈이 모든 것을 빨아들이는 것처럼. 톰은 어지러움을 느끼며 몸을 덜덜 떨었다. 갑자기 눈앞에 남극이 펼쳐졌다. 설원과 빙하, 얼어붙은 폭포 등 교과서 세계 지도에 함께 실렸던 그림들이 차례로 지나갔다. 시간이 얼마나 흘렀는지 알 수 없었다. 마침내 썩은 생선이 안경을 다시 쓰고 고개를 떨어뜨렸다. 톰은 팔다리가 저리는 것을 느꼈다. 그리고 다시 그를 바라보았다. 맹인의 무릎에는 먹다 남은 초콜릿 바가 놓여 있었다. 톰의 엄마가 길 아래쪽 식료품 가게에서 사 온 것과 똑같은 초콜릿이었다. 그는 이제 막 열한 살이었지만 그래도 한눈에 자기 앞의 남자를 알아볼 수 있었다. 이 남자에게 비밀 같은 건 없었다. 이 남자는 살인자도, 산 생선의 대가리를 뜯어 먹지도 않는다. 그는 그저 초콜릿 바를 먹는 늙은 맹인일 뿐이다.

톰은 그에게 다가갔다. 이번엔 한결 쉬웠다.

"제가 바보 같은 짓을 했어요." 그가 작게 말했다.

"그래." 맹인이 말했다.

"죄송해요." 톰은 대답을 기다렸지만 맹인은 더 대꾸하지 않았다.

"이제 가볼게요." 조금 있다 그가 말했다.

맹인은 고개를 끄덕였다.

톰은 몸을 돌렸다. 그 순간 친구들이 소리를 질러댔다. 그들이 던진 첫 번째 돌 하나가 그를 스쳐 날아갔다. 누가 그걸 던졌는지는 볼 수가 없었다. 날아온 돌은 늙은 남자의 머리에 맞았다. 톰이 돌아봤을 땐 깨진 남자의 선글라스가 한쪽 귀에만 아슬아슬하게 걸쳐져 있었다. 남자는 두 손으로 얼굴을 감쌌고 손가락 사이로는 피가 새어 나왔다. 돌멩이는 계속 날아와 그의 몸 이곳저곳을 때렸다.

▼ ▲ ▼

경찰들은 1교시부터 교실로 들이닥쳤다. 이웃 중 하나가 아이들이 학교로 달아나는 것을 보았다고 했다. 그는 도망자들의 옷차림을 생생하게 묘사했고 그중 한 명이 책가방을 메지 않은 채 노인에게 다가갔다는 것도 놓치지 않았다. 여경은 톰에게 왜 그런 짓을 했는지 계속해서 물었다. 병원에서 받아 온 사진들도 보여줬다. 머리를 붕대로 감은 맹인의 사진을 보고도 톰은 아무 말도 하지 않았다. 이 구역에선 누구도 경찰과 말을 섞지 않았다. 30분이 지나자 여경은 두 손 두 발 다 들었다. 그녀는 조서에 톰이 "주동자로 추정된다."고 썼고 엄마가 톰을 데리러 경찰서로 왔다. 고작 열한 살이었던 아이들은 기소되지 않았다. 아동 복지사가 부모와 상담을 하고 주거 환경과 가정 환경에 관한 보고서를 올리는 것으로 사건은 종결되었다. 그리고 담임 교사는 학생들에게 주의를 주었다. 방학이 시작되기 하루 전날에는 정복을 입은 나이 많은 경관이 교실로 와서 청소년 폭력에 대한 연설을 늘어놓았다. 그가 나누어 준 인쇄물은 얼마 후 학교 운동장과 거리에도 나붙었다.

몇 달 후 늙은 남자의 집은 허물어지고 그 자리엔 주차 공간을 갖춘 쇼핑센터가 들어섰다. 한동안은 썩은 생선의 이름이 학생들의 머릿속에 남아 있었지만 점점 희미해졌고 결국은 완전히 사라지고 말았다.

촉법소년

대한민국 소년법 제4조 1항 2호

형벌 법령에 저촉되는 행위를 한 10세 이상 14세 미만인 소년은 소년부의 보호사건으로 심리한다.

진주 목걸이

그녀는 한밤중에 집에 와서 남편을 깨우지 않으려고 손님 용 방에서 잠을 잤다. 그녀는 일주일간 베네수엘라에 다녀왔다. 자신을 고용한 시사 잡지에서 르포 사진을 원했기 때문이다. 잠에서 깬 다음엔 부엌으로 내려가 열린 냉장고 문 앞에 가만히 서서 아무것도 신지 않은 자신의 맨발을 내려다보았다. 그녀는 자기 발을 좋아하지 않았다. 얇은 피부 아래로 파란 정맥이 훤히 비치는 발이 자신보다 늙어 보인다고 생각했기 때문이다.

그녀는 자전거를 타고 언덕 아래에 있는 스포츠클럽으로 갔다. 햇빛 아래 드러난 그녀의 목덜미가 유난히 야위어 보였고 낡은 티셔츠 아래로는 빼빼 마른 어깨가 도드라졌다. 그녀는 남편이 경기 중인 테니스장을 찾아갔다. 타고 간 자전거는 철조망 옆 풀밭에 내던져놓았다. 자전거 손잡이에는 고무 그립이 달려 있지 않았다. 바닥에 한 번 떨어뜨린 후부터 부착 면에 흙이 엉겨 붙었는지 자전거를 탈 때마다 그립이 자꾸 떨어졌다. 몇 년 전 그가 그녀에게 새 자전거를 선물했지만 그녀에겐 정든 물건과의 이별이 쉽지 않았다. 그녀는 남편에게 눈인사를 하고선 풀밭에 누워 두 눈을 감았다. 한동안 그녀 귀에는 테니스

공이 퐁퐁대는 소리와 모랫바닥에 신발이 미끄러지는 소리만 들렸다. 그녀는 그가 하는 운동을 좀 더 잘 이해해보고자 그녀도 한번 배워보려고 시도했지만 그는 그녀에게 테니스가 맞지 않는 것 같다며 공을 다루는 감각이 없다고 했다. 그녀는 그게 부당한 평가라고 생각했다.

남편이 경기에서 이번에도 이기리라는 것을 알았다. 그는 언제나 이겼다. 그는 쉰일곱, 그녀는 서른여섯으로 두 사람이 결혼한 지 11년째다. 그녀는 오늘 아침 그의 침대에서 진주 목걸이를 발견했다. 그녀는 자신의 바지 주머니에 들어 있는 목걸이의 촉감을 느꼈다. 진주는 반들반들하고 딱딱했다. 그녀는 낯선 여인의 모습을 떠올려보려 애썼지만 마음대로 잘 되지 않았다. 30분 후 그녀는 자전거를 타고 호수로 가서 불 앞에 섰다. 그세서아 아무 생각도 하지 않을 수 있었다. 그녀는 따뜻하게 데워진 나무 데크 위에 몸을 누이고 머리를 비웠다. 바람이 그녀의 피부를 서늘하게 식혔다. 볕을 충분히 받은 다음 그녀는 집으로 돌아갔다. 그녀는 그에게 주려고 챙긴 납작 복숭아를 책상 위에 올려놓았다. 노트북 전원을 켜보니 시사 잡지 담당 국장에게 이메일이 한 통 와 있었다. 그는 그녀에게 러시아로 가서 '마약 없는 도시'라는 주제로 르포 사진을 찍어 오라고 지시했다. 그는 오자마자 또 출장을 보내 미안하지만 급한 일이고 비자는 이미 해결해두었다고 썼다. 그녀는 잡지사에 전화를 걸고 통화하는 동안 손으로 목걸이를 만지작댔다. 나무의자에 진주를 부딪치자 탁탁 소리가 났다. 남편에게 자야겠다는 메모를 남겼지만 그녀는 뜬눈으로 밤을 새웠다.

왜 살인자에게 무죄를 선고했을까?

다음 날 아침 일찍 그녀는 집 현관 앞에 서서 택시를 기다렸다. 택시기사가 짐을 트렁크에 실었고 그녀는 자동차 뒷자리에 앉았다. 10분쯤 달렸을까, 그녀는 무언가 잊어버린 게 있다며 집으로 다시 돌아가달라고 기사에게 부탁했다. 집은 아직 어두웠다. 그녀는 문을 조용히 열고 들어가 가방에 있는 목걸이를 꺼내 계단 첫 번째 단에 올려놓았다. 작은 흠집 하나 없이 매끈한 진주가 검은색 대리석 바닥 위에서 반짝반짝 빛이 났다. '그가 이걸 보면 그 뜻을 이해하겠지,' 그녀는 이렇게 생각하며 전등을 다시 껐다. 휴대전화를 깜빡했다는 사실은 공항에 도착한 후에야 깨달았지만 또다시 집에 갔다 오기엔 너무 늦었다.

▼ ▲ ▼

예카테린부르크에 도착하자 잡지사의 통역사가 공항에서 그녀를 태워 마약 중독자 수용소로 데리고 갔다. 도시 외곽에 있는 마약 중독자 임시 수용소는 마치 옛날 영화에 나오는 야전 병원 같았다. 사람들은 이층 침대에 누워 있었고 그들에게서 나는 마늘과 땀, 오줌 냄새가 코를 찔렀다. 수용소 소장은 짧은 머리에 황소처럼 목이 굵은 사내였는데 그는 중독자를 구제하려면 엄격해야만 한다고 말했다. 중독자들은 코데인이 함유된 기침용 사탕을 끓여 그 액체를 자기 정맥에 주사했다. 기침용 사탕은 헤로인보다 쌌고 어디에서나 살 수 있었다. 그들의 몸은 썩어가고 있었다. 피부와 뼈에는 인과 요오드, 철이 스며들어 삭았고 검게 변한 근육은 딱딱하게 굳었다. 그들은 그 마약을 크로코딜이라고 불렀다. 약을 하면 피부가 연골화 되어 악어 등껍질처럼 변하기 때문이다.

그녀는 아무 쓸모가 없을 것을 알면서도 사진을 찍었다. 통역사의 자동차 앞에 늙은 남자 하나가 얼굴을 무릎에 파묻은 채 비를 맞으며 앉아 있었다. 그녀는 통역을 부탁해 한기가 들면 병에 걸릴지도 모르는데 왜 집에 가지 않는지 물었다. 빗물이 그의 얼굴 위로 흘러내렸다. 그는 선뜻 입을 열지 않고 고개를 아래로 숙이더니 마침내 말하길, 크로코딜이 자기 딸을 잡아먹었다고 했다. 그는 오늘 시의 시신 안치소로부터 신원 확인을 요구하는 연락을 받고 죽은 지 나흘 된 딸을 보고 오는 길이었다.

"이게 다 무슨 일이죠?" 그가 물었다.

그건 마치 실체가 있는 질문처럼 들렸고 늙은 남자 또한 대답을 기다리는 것처럼 보였다. 이야기를 나누는 동안에도 비는 계속 내렸고 그의 목덜미에선 빗물이 뚝뚝 떨어졌다. 그녀는 호텔로 함께 가자고 그를 설득했다. 차가 달리는 내내 그는 이마를 차창에 누르고 있었다. 그의 머리카락은 희고 가늘었다.

호텔에서 그녀는 직원에게 수건을 갖다달라고 부탁했다. 늙은 남자는 그걸로 머리카락을 말리고 젖은 재킷은 무릎 위에 올려두었다. 그

는 차와 보드카를 마시면서 서서히 안정을 찾았다. 의자에서 물방울
이 떨어져 카펫을 검게 적셨다. 늙은 남자는 따뜻한 차를 마시면서 누
군가와 이야기를 나누니 참 좋다고, 오랫동안 그러지 못했다고 말했
다. 그는 딸에 대해 이야기하기 시작했다. 그녀는 왼쪽 다리와 오른
팔을 절단했고 남은 사지마저 썩어가는데도 계속 기침용 사탕을 끓
였다고 했다. 그의 아들은 체첸 내전 중에 '티푸스'로 죽었는데 아직
연애 한 번 못 해본 열여덟 숫총각이었다. 딸은 아마 오빠의 죽음을
감당할 수 없었던 것 같다고, 그런데 그 일에 대해 별다른 말이 없어
서 자기가 진작 알아채지 못했다고 말했다.

"우리는 이렇게 살 수밖에 없습니다." 늙은 남자는 이렇게 말하며
혹시 차와 보드카를 좀 더 마셔도 되냐고 물었다. 그녀는 남자에게
돈을 좀 주려 했지만 그는 받으려 하지 않았다. "나는 거지가 아닙니
다." 그가 말했다. 그에게는 토끼장이 하나 있고 거기엔 부드러운 털
을 가진 토끼 네 마리가 있으며 그는 매일 토끼에게 야채를 갖다 준다
고도 했다. 그는 돈이 아니라 그저 자신이 받아들일 수 없는 이 모든
것을 차분하게 털어놓을 사람이 필요했다고 말했다.

잠시 후 그녀는 그를 집까지 바래다주었다. 늙은 남자의 토끼장은
그가 사는 공동주택 처마 아래에 있었는데 그가 그녀에게 그걸 보여
주고 싶어 했다. 날이 찬데도 그는 셔츠를 벗은 다음 토끼 한 마리를
팔에 안고 나왔다. 토끼는 아주 따뜻하다며 자기에겐 토끼 심장 뛰는
소리가 들리는데 토끼의 심장은 사람보다 훨씬 빨리 뛴다고, 그가 말

왜 살인자에게 무죄를 선고했을까?

했다. 그 남자의 가슴에 난 털은 회색이었다. 토끼의 털과도, 지붕 위로 보이던 비를 마구 쏟아낸 하늘과도 같은 색이었다.

그날 밤 그녀는 꿈도 꾸지 않고 깊이 잠들었다. 그녀가 깨어났을 때, 방 안은 고요했고 공기는 탁했다. 창문을 여니 바깥 공기에서 도시의 석탄 난로에서 새어 나온 황 냄새가 풍겼다. 조식 뷔페에서 그녀는 한술도 뜨지 못했다. 커피 냄새마저 역겨웠다. 통역사는 그녀를 데리고 대성당과 서커스, 오페라 극장 등 그 도시의 명소를 안내했다. 한 박물관 매표소에서 그녀는 거스름돈을 깜빡하는가 하면 몇 차례나 통역사의 질문에 대답하지 않았다.

그녀는 저녁 비행기를 탔다. 비행기 좌석에 앉자 기분이 좋아져 깜빡 졸려고 하던 차에 프랑스 남부에서 보낸 휴가를 떠올렸다. 그녀가 구멍가게에서 남편의 담배를 사는 동안 그는 전망대 앞 주차장에서 기다리고 있었다. 그는 흰 셔츠 소매를 둘둘 걷어 올린 채 통이 넓은 바지 주머니에 손을 넣고 있었다. 그녀가 돌아왔을 때 그는 성벽에 등을 기대고 고개를 젖혀 위를 올려다보고 있었다. 그때 그녀는 그를 사랑하고 있었고 모든 게 다 잘 될 거라고 생각했었다.

프랑크푸르트 공항에 도착하니 그녀의 오빠가 나와 있었다. 그녀는 오빠와 약속을 한 적이 없었다. "네 남편이 병원에 있어." 오빠가 말했다. 남편이 혼수상태에 빠졌는데 러시아에 있는 그녀에게 연락할 도리가 없었다고 했다.

3년 후 그녀는 남편의 테니스 클럽에서 주최한 토너먼트에 참가했다. 그녀는 집중력이 좋았고 스트로크는 강하면서도 정확했다. 그녀는 거의 움직이지 않는 것처럼 보이는데도 항상 정확한 자리에서 별 어려움 없이 공을 받아쳤다. 남편과는 달리 테니스 선생은 그녀에게 천부적인 재능이 있다고 말했다. 조금 있다가 그녀는 집 테라스로 돌아와 남편 옆에 앉았다. 그건 사고였다. 깜깜한 가운데 그는 진주 목걸이를 보지 못하고 그 위로 미끄러졌다. 계단을 굴러 떨어지면서 그는 대리석에 머리를 부딪혔고 외상성 뇌 손상으로 인해 대뇌피질의 기능을 잃었다. 그는 거의 말을 하지 못했고 혼자서는 식사를 할 수도, 씻을 수도, 옷을 입을 수도 없었다.

저녁에 비 예보가 있어서 그런지 날이 서늘해졌다. 그녀는 집으로 들어가 그에게 담요를 가져다주었다. 거실 소파 뒤엔 토끼를 손에 든 남자의 사진이 걸려 있었다. 그 사진으로 상을 받았고 잡지 표지도 장식했다. 늦저녁 햇살이 높은 창문을 통과해 사진 위로 떨어지자 어둑어둑한 집에서 오직 사진만 환하게 빛나는 듯했다. 그녀는 그 사진 앞에서 옷을 벗고는 테라스에 있는 남편에게로 가 뒷짐을 진 채 알몸으로 그의 앞에 섰다. 몸에 걸친 건 단 하나, 낯선 여인의 진주 목걸이였다.

호수집

펠릭스 아셔는 날 때부터 배에 작고 빨간 점들이 나 있었다. 처음에 그의 부모는 그걸 알레르기 반응으로 생각했다. "아기들에겐 가끔 그런 게 나기도 하지." 부모의 친구들은 말했다. 세제나 우유 탓일 수도 있고, 그러다가 저절로 사라지기도 한다고 했다. 하지만 그 점들은 사라지지 않았다. 피부 아래 혈관이 부풀어 올라 그 속이 피로 채워지면서 작은 점들은 서로 뭉쳐졌다. 생후 18주가 되자 아기 상체의 대부분과 목, 그리고 얼굴의 오른쪽까지 연분홍빛으로 물들었다. 그건 유전적 결함으로 인한 붉은 모반이었다.

아셔의 엄마는 서른아홉, 아빠는 마흔셋에 재혼했다. 둘 다 뮌헨의 도시 공사 직원으로 아빠는 건축물 관리 기사고 엄마는 회계과에서 일했다. 아셔는 외동아들로 다른 형제 없이 혼자 자랐고 네 살이 되어서야 처음으로 친할아버지를 만나러 갔다. 할아버지는 1920년대 상하이에서 태어났다. 그의 양친 모두 상하이에서 독일 의대를 나온 의사였다. 이후에는 홍콩에 살면서 독일에서 공장 설비를 수입하는 사업으로 큰 재산을 모았다. 하지만 아내가 세상을 떠나자 독일로 거처를 옮겨 뮌헨에서 남쪽으로 60킬로미터 떨어진 바이에른 남부 지방에 집을 얻었다. 17세기풍 농가는 그전까지는 수도원에 속해 있었다.

언젠가부터 사람들은 그 집을 호수집이라고 불렀다. 작은 마을 외곽의 언덕 위에 올라선 집은 별다른 장식 없는 사각형 건물이었다. 담장은 두꺼웠고 19개의 방이 있었다. 호수가 한눈에 들어왔고 서쪽에서 건조한 푄 바람이 불어올 때면 저 멀리 알프스산맥까지 깊고 어두운 파란색 하늘이 끝도 없이 펼쳐졌다. 백 년 전에 바질리 칸딘스키, 프란츠 마크, 파울 클레, 로비스 코린트가 이 주변에서 그림을 그렸고 외된 폰 호르바트와 베르톨트 브레히트도 이쪽에 거주하며 글을 썼다. 토마스 만이 쓴 《파우스트 박사》의 무대도 근처 마을이었다.

할아버지의 집에는 항상 커튼이 반쯤 내려와 있었다. 가느다란 불빛이 가물대며 비치는 방들은 고요했다. 바닥에는 어두운색 널마루가, 벽엔 빛바랜 노란색 중국풍 융단이 쳐져 있었다. 귤과 자두, 사과 등 과실나무 사이로 두루미, 잠자리 그리고 이국적인 새들이 잔뜩 날아다니는 풍경을 담은 융단이었다. 가구는 모두 1920년에서 1930년 사이 상하이의 영국인 거주 구역에서 구한 것이었다. 텔레비전이나 라디오는 없었고 나무로 된 전축 한 대가 있었다. 서재엔 낡아빠진 가죽 의자 두 개와 연두색 리넨 천을 입힌 찌그러진 소파 하나, 담배 용품 같은 자질구레한 소지품을 올려두는 작은 탁자와 대나무로 만든 신문 비치대가 서 있었다. 할아버지는 대부분 그곳에 조끼까지 갖춘 흰색 리넨 정장 차림으로 앉아 무언가를 읽으며 이집트에서 들여온 타원형 담배를 피웠다. 아셔는 앞이 다 해진 실크 카펫에 앉아 놀곤 했는데 어지러운 무늬 때문에 마치 아이가 미로에 갇힌 것처럼 보였

왜 살인자에게 무죄를 선고했을까?

다. 할아버지는 이층에 아셔의 방을 꾸며주었다. 아셔는 검은색 철제 증기기관차에 화물차 두 량이 달린 장난감 기차를 선물로 받았다. 창문을 들여다보면 기차에 탄 승객들이 보였다. 할아버지는 매일 저녁이면 아셔의 침대맡 탁자에 회전 전등을 켜두었다. 전등갓이 천천히 돌면 그 위에 그려진 상하이의 풍경이 벽에 그림자를 드리웠다. 그 안엔 화물을 내리는 선박과 긴 담뱃대를 문 중국인들, 머리에 썰매 끈을 매달고 거리를 달리는 개가 있었다.

아셔는 크면서 피부에 난 점들을 부끄럽게 생각했다. 다른 아이들은 그를 놀려댔다. 아셔의 부모는 이 의사, 저 의사를 찾아다녔고 그 때마다 그는 옷을 벗어 진찰을 받은 후 치료용 광선을 쬐거나 연고와 주사 처방을 받았지만 점들은 사라지지 않았다. 그런데 할아버지는 부모와 달랐다. 그는 젖꼭지가 세 개거나 손가락이 여섯 개인 사람들이 중국에선 추앙을 받는다며 그곳 사람들은 신들이 특별한 삶을 위해 그들을 선택했다고 믿기 때문이라고 했다. 그러면서 점들이 사실은 비밀 지도를 의미하는 일종의 표식일 수도 있으니 아셔가 그걸 정확하게 들여다보기만 하면 그것이 가리키는 바를 읽을 수 있다고 말했다. 가령 그의 배꼽 주변의 점들은 용과 인어, 그리고 불사의 영웅들이 사는 전설의 땅을 나타낸다고 했다. 가슴 주변의 얼룩은 가장 지혜로운 사람들이 모여 이 세상이 어떻게 돌아갈지를 토론하는 땅의 모습이라고 했다. 단, 볼에 난 작은 점은 혹시 집 앞 호수의 형상일지도 모른다고, 그리고 그곳은 이 집의 행복을 좌우하는 가장 중요한 장소라고 말했다.

할아버지는 매일 집에서 마을까지 산책하러 나갔고 여름이면 짚으로 꼬아 만든 밀짚모자를 썼다. 동네 주민들은 예의 바르게 그를 대했으며 당연히 모두가 그를 알았다. 할아버지 곁은 안전하다고, 아셔는 생각했다. 호숫가에서 그들은 항상 같은 벤치에 앉았다. 할아버지가 두 눈을 감고 아셔의 손을 잡으면 그는 눈에 보이는 것들을 묘사해야 했다. 말라붙은 새 둥지와 노가 부러진 작은 배, 사다리차가 풀밭을 지나간 흔적 등을 말하고 나면 할아버지는 상하이에서 보낸 유년 시절 이야기를 들려주었다. 정오의 열기와 늦은 오후부터 켜지던 홍등, 비가 내리던 풍경, 아름다운 여인들의 드레스, 불어 이름의 호텔과 수상 가옥, 그리고 닭싸움과 아편쟁이들에 대한 이야기들이었다. 아셔는 점차 유채밭과 토끼풀, 호숫가에 묶인 배 등 자신이 설명한 눈앞의 광경을 상하이 거리에서 풍기는 냄새, 시장 상인들의 외침, 진녹색의 야자나무 이파리 등과 하나로 묶어서 받아들이기 시작했다. 그리고 오직 이곳 호수집, 오직 알프스의 고요한 정경에서만 평안을 누렸다.

▼ ▲ ▼

할아버지가 세상을 떠났을 때, 펠릭스 아셔는 열네 살이었다. 이후 그의 삶은 무난하게 흘러갔다. 오랜 시간이 지난 후 판사가 묘사한 바

왜 살인자에게 무죄를 선고했을까?

에 따르면 '규칙에 어긋남이 없고', '문제없는' 삶이었다. 스물여섯에 그는 함부르크에 있는 보험 회사에 취직해 서른다섯에 손해 보험부의 부장이, 마흔둘에는 북부 지역 지부장이 되었다가 마흔여섯에 이스탄불 주재원으로 파견되었다. 그리고 3년 후엔 아랍 지역 전체를 총괄하는 부서장이 되었다. 그는 일을 많이 했다. 그의 외모에 호감을 느끼는 사람도 없어 데이트 대신 매춘을 했다. 회사 세미나에서 누군가 그에게 인생 목표를 물었을 때. 그는 주저 없이 언젠가 다시 호수 집에 들어가는 것이라고 말했다. 그의 집 침대 머리맡엔 할아버지의 사진이 늘 놓여 있었다.

아셔가 쉰네 살 때 어머니가 돌아가셨다. 아버지가 세상을 떠난 지 12년 후였다. "삶의 한가운데에서도 우리는 죽음에 둘러싸여 있습니다." 어머니의 장례식에서 목사가 말했다. 이 문장이 아셔의 머릿속에 들어와 단단히 자리를 잡았다. 이스탄불로 돌아가는 길에 그의 마음이 요동쳤다. 직장에서 일에 대한 흥미가 점점 줄어들었고 게을러지고 산만해졌다. 밤이면 자신이 헛되이 살고 있다는 생각이 끊이지 않았다. 두 달 후, 그는 세무사를 찾아가 자신의 재정 상태를 상담했다. 어머니로부터 상속받은 재산과 부모님 소유의 집, 그리고 회사에서 받을 퇴직금까지 모두 합치면 안락한 생활을 하기엔 충분했다. 그로부터 두 달을 더 고민한 뒤에 그는 비로소 회사에 조기 퇴직을 신청했다. 이스탄불의 주거지를 정리하고 뮌헨의 부모님 집도 팔았다. 어머니 장례식을 치른 지 여섯 달 만에 아셔는 자유의 몸이 되었다. 그는 호수집으로 들어갔다.

그의 부모님은 할아버지의 낡은 가구와 책들을 모두 창고에 쌓아놓았다. 벽에 쳐져 있던 낡은 융단과 카펫은 사라졌고 벽에는 하얀 석회가 발려져 있었다. 부모님은 호수집에 머문 적이 거의 없었고 간혹 주말이나 휴가 때 한 번씩 들르는 정도였다. 아셔는 가구들을 다시 위로 올려놓았다. 마을의 목수 하나에게 나무 블라인드와 책장을 손보도록 맡겼고 책상과 사무용 가구들은 원래대로 정리했다. 널마루에 광도 냈다. 아셔는 벽에 새로 칠 융단을 찾느라 몇 주 동안 인터넷을 뒤졌다. 마침내 런던에서 1920년대 직물을 파는 업자를 발견해 낡은 중국풍 융단과 흡사해 보이는 물건을 찾아냈다. 가죽 의자와 리넨 소파는 깨끗하게 세탁했고 나무 전축은 뮌헨의 수리공에게 가져가 다시 작동하게 만들었다.

그렇게 일 년쯤 지나자 몇 가지 편의를 위한 현대식 물품이 추가되긴 했어도 할아버지가 살던 집의 모습이 거의 원상복구 되었다. 몇 년 동안 그는 호수집과 마을에 머물며 거의 그 밖을 벗어나지 않았다. 여름이 되면 마을 제과점에서 아침을 먹고 저녁엔 시장 앞 광장에 테이블을 내놓는 식당에서 먹거나 노상 카페에서 아이스크림을 먹었다. 동네 주민들과는 친절하게 인사를 나눴고 지역 소방대원으로 자원했다. 마을 축제와 교회 행사인 성체행렬에 꼬박꼬박 참석했고 마을마다 있는 전통보전협회의 행사에도 얼굴을 비쳤다. 그런 탓에 아셔는 마을에서 친절하고 유쾌한 사람으로 여겨졌고 나중에 마을 사람 하나가 한 증언처럼, 마을에 잘 녹아들었다. 가끔은 연극이나 영화를 보러 뮌헨에 갈 때도 있었다. 그럴 때면 도시에서 마을로 돌아와 비포장도로를 타고 언덕 위 호수집에 도착한 뒤 몇 분쯤 차 안에 가만히 앉아 있곤 했다. 그는 라이트를 끄고 모든 것이 다시 잠잠해지기를 기다렸다.

▼ ▲ ▼

아셔가 이사한 지 5년이 지났을 때, 시 의회는 호숫가 주변에 방치되어 있던 예전 어부들의 집을 한 투자자에게 매각하기로 결정했다. 집들은 모두 시의 소유였으며 빈집이 된 지 벌써 여러 해째였다. 투자자는 단층 주택을 철거하고 해당 토지의 면적을 꽉 채워서 5층짜리 별장용 주택을 짓기로 허가를 받았다. 마을은 이 일로 관광이 활성화되어 소매업과 요식업에 활기가 돌길 기대했다. 그러나 그 토지는 호숫가에 면해 있었고 아셔의 집으로부터 얼마 떨어지지 않았다. 그는 계획을 듣고 아연실색했다. 곧바로 시장과 면담을 하고 시 의회 의원들을 개별적으로 만나 생각을 바꾸도록 설득했다. 그는 그들 모두에게 모든 것을 원래대로 가만히 내버려둬야만 한다고 설명했지만 소용없었다. 아셔는 할 수 없이 변호사에게 의뢰해 소송까지 걸었지만 재판에서 졌다. 마을 사람 그 누구도 그가 그렇게 길길이 날뛰는 이유를 이해하지 못했다. 그때부터 그는 식료품을 사러 동네 대신 근처 작은 도시로 갔다. 호수집에 발을 들일 수 있는 사람은 가정부와 음료 배달원뿐이었다.

그는 봄이 되자 별장 건축이 시작되는 것을 호수집 앞에 놓인 벤치에 앉아 가만히 지켜보았다. 공사 때문에 집 앞 진입로가 30분 이상 막히거나 아침 7시 전에 작업이 시작되면 여지없이 경찰에 전화했다. 처음엔 젊은 여경 하나가 마을에서부터 올라왔었다. 하지만 얼마 지나지 않아 그녀마저도 그가 한낱 불평꾼에 불과하다고 생각했고 더는 그의 전화에 반응하지 않게 되었다.

별장용 주택은 금세 지어졌다. 작은 목조 방갈로 한 채에 방 두 개와 거실 하나가 들어가는 구조였다. 외벽은 빨강, 파랑, 초록으로 칠해졌다. 지어진 지 석 달 만에 집들은 모두 팔렸다. 아이를 키우는 젊은 가족이 이곳에서 휴가와 주말을 보냈다.

아셔는 변했다. 가정부는 그가 혼잣말을 하며 몇 시간이고 푸념을 늘어놓는 소리를 들었다. 그는 황폐해졌다. 끼니를 거의 챙기지 않고 이발도 하지 않았으며 낮에 입던 옷을 입은 채 잠이 들었다. 어떤 땐 온종일 침대에 누워만 있기도 했다. 그러다 그는 망원경을 사서 체크리스트를 작성했다. 별장용 주택에서 누가 밤 11시가 넘도록 시끄럽게 파티를 즐기는지, 누가 분리수거를 하지 않는지, 소음 발생 행위가 금지된 일요일에 누가 주거지에서 제초기를 돌리며 이웃을 방해하지 않도록 정해진 한낮의 휴식 시간*에 어느 집 아이가 난리를 피우는지를 하나하나 빠짐없이 기록했다. 그는 이 리스트를 경찰과 지방 정부, 그리고 주 정부에 보냈다. 가끔은 그가 정당한 이의제기를 할 때도 있었는데도 불구하고 아무도 신경 쓰지 않았다.

어느 늦여름의 일요일 밤, 아셔는 더 이상 참을 수가 없었다. 이미 주말 내내 시끄러움을 견뎠다. 우편함에 꽂힌 초대장을 보니 소음의 원인은 호수의 여름 축제였다. 사흘 내내 뮌헨 번호판을 단 자동차들이 북적였고 덕분에 호숫가 주변 도로는 모두 주차장이 되었다. 그들은 호숫가에 스피커를 설치하고 대형 불꽃놀이를 벌였으며 춤을 추고 소리를 지르고 시끄럽게 웃어댔다. 이미 이번 여름 내내 아셔는 어떻게 할 것인지를 머릿속으로 계획하고 있었다. 창고에는 할아버지의 총기함이 있다. 그 안에는 녹슨 권총 두 자루와 소총 세 자루, 총알 여덟 상자가 있었다. 언젠가 할아버지가 중국에서 컨테이너로 들어온 것들이라 정식으로 등록되지 않은 총기였다. 아셔는 총기함 고정 장치를 풀어 소총 한 자루를 꺼냈다. 그것은 제2차세계대전에서 스위스군이 쓰던 카빈총이었다. 그는 군 복무 시절 배운 총기 사용법대로 먼저 총을 풀어 닦은 후에 기름을 치고 탄창을 채운 다음 다시 능숙하게 조립까지 마쳤다. 총구를 문 쪽으로 겨눈 채 조준하면서 그는 끊임

---

* 정확한 시간은 공동주택이나 기숙사 등에서 자체 규칙으로 정한다. 일반적으로는 점심을 먹고 난 후인 오후 1시부터 3시로 이 시간 중에는 악기 연주나 세탁기, 청소기 등의 사용을 삼가야 한다.

없이 소리 내어 혼잣말을 했다. "이 정도면 정말 충분해." 라고도 했고, "하지만 이젠 정말 끝이야." 라고도 했다.

그는 독한 진 한 병을 들고 집 앞 벤치에 앉아 천천히 마셨다. 총은 옆자리 벽에 기대어 세워 놓았다. 이윽고 주변이 적당히 어두워지자 그는 부엌에서 찾아낸 분홍색 고무장갑을 손에 꼈다. 아셔는 오랫동안 보험 회사 손해 보험부에서 일했기에 범인들이 흔히 저지르는 실수를 잘 알고 있었다. 그는 호숫가 뒤편으로 난 길을 택했다. 벌써 도시로 돌아갔는지 불이 켜진 집은 하나뿐이었다.

아셔는 장화로 나무 문을 두드렸다. 그 집에는 호텔에서 매니저로 일하는 부부와 두 아이, 그리고 개 한 마리가 살았다. 샤워 가운을 입은 채로 문을 연 여성은 스물아홉 살이었다. 그녀는 총구를 발견하고선 비명을 지르며 옆으로 몸을 비켰다. 발사된 총알은 그녀의 겨드랑이 아래로 들어가 양쪽 폐와 심장을 관통했다. 아셔는 바닥에 쓰러진 그녀를 밟고 지나가 다른 방을 살폈다. 그녀의 남편은 이미 두 아이와 뮌헨으로 출발한 상태였다. 별장에 좀 더 머물고 싶었던 아내만 홀로 남아 집을 치우던 중이었다.

심각한 부상에도 불구하고 그녀는 기어서 문지방까지 갔다. 아셔는 그녀 위에 올라서서 총알을 재장전했다. "일단 시작을 했으니 말이지……" 그가 중얼거렸다. 이번 총알은 5번과 6번 경추 사이로 들어가 그녀의 척추를 찢어발겼다. 그는 발로 시신을 집 안으로 밀어 넣은 다음 불을 끄고 조용히 그 집을 떠났다.

왜 살인자에게 무죄를 선고했을까?

호수집 창고로 돌아온 그는 작업 의자에 앉아 총기를 삼단으로 분해했다. 옷과 고무장갑, 신발은 모두 벗어 쓰레기봉투에 넣었다. 그러고선 샤워를 하고 깨끗한 옷으로 갈아입은 다음, 몇 킬로미터를 운전해 거대한 늪이 있는 무르나우 습지로 갔다. 거기서 삼단으로 분해한 총과 탄약을 각각 서로 다른 진흙 구덩이에 던져 넣고 옷가지들은 불태웠다.

시신은 수요일이 돼서야 발견되었다. 아내와 연락이 닿지 않자 남편이 별장으로 찾아온 것이다. 인근 도시에서 온 살인 사건 전담반 형사들은 제일 먼저 남편을 의심했지만 아무런 증거가 안 나오자 강도에 의한 살인으로 추정했으나 결국 미궁에 빠졌다. 그들은 혹시 별장 가족이 원한을 산 적이 있는지도 수소문했으나 역시 쓸 만한 단서는 나오지 않았다. 차례대로 소환된 다른 별장 주인들은 모두 알리바이를 증명했고 아셔는 본 것도 들은 것도 없다고 말했다. 그런데 마을의 젊은 여경이 아셔가 별장 건축에 반대했고 끊임없이 항의했다는 사실을 기억해냈다. 이를 근거로 검사는 아셔 집에 대한 수색영장을 신청했으나 '근거가 매우 빈약한 추론'에 불과하다며 예심판사가 기각했다.

▼ ▲ ▼

범행이 있은 지 닷새째 밤, 아셔는 술에 취해 창고 계단을 내려가다가 발을 헛디뎌 돌계단에 머리가 깨지고 대퇴골이 부러졌다. 그는 30분가량 의식을 잃고 누워 있었다. 정신이 들고도 몸을 움직일 수가 없었다. 그는 다음 날 아침 가정부에 의해 발견되었다. 그녀는 곧장 그의 휴대전화로 경찰에 신고했다. 마을의 젊은 여경은 호수집으로 달려와 앰뷸런스를 부르고 아셔가 병원으로 호송되는 것을 지켜보았다. 그리고 몇 분 후 그녀는 창고에 혼자 남게 되었다. 그녀는 이미 반쯤 열려 있던 총기함 뚜껑을 열어젖혔다. 총기함 내부는 초록색 벨벳으로 안감이 대어져 있었다. 그리고 세 개의 고정 장치 중 두 개에만 소총이 놓여 있고 한 개가 비어 있는 것이 보였다. 벨벳 안감에서 아직 총기에 눌린 자국이 남아 있었다. 그녀는 살인 사건 전담반에 이를 신고했다.

이번엔 검사의 영장 청구가 받아들여졌다. 아셔가 병원에 누워 있는 동안 호수집은 현장 감식 경찰들에 의해 수색되었다. 집에서 발견된 두 개의 소총은 범행에 사용된 총기가 아니었고 남아 있던 탄약도 별장 여성을 죽인 것과 달랐다. 증인신문에서 아셔의 가정부가 총기함은 항상 잠겨 있었다고 말했다. 경찰들은 그것이 정황 증거가 된다고 평가했고 가정부에게 최근 아셔에게 이상한 점이 없었는지 물었다. "그는 끊임없이 혼잣말을 하고 때론 술을 너무 많이 마시긴 했지만 한 번도 제게 나쁜 짓을 한 적은 없었습니다." 그녀가 말했다. 경찰들은 아셔가 이번 사건과 연관이 있다고 확신했지만 더 나아가진 못했다. 수사관들은 아셔가 문병을 온 사람들에게 살인에 대해 언급

할 거라 예상했고, 검사는 병실을 실시간으로 감시할 수 있게 해달라고 요청했다. 판사는 좀 망설이다가 요청을 받아들였다. 아셔가 대퇴골 수술을 받는 동안 경찰 한 명이 병실에 도청 장치를 설치했다.

며칠 동안 경찰들은 아셔의 혼잣말을 귀기울여 들었다. 하지만 대퇴골 골절과 두통, 형편없는 음식, 멍청한 간호사와 무능력한 의사들에 대한 욕만 들릴 뿐 그의 문병을 오는 사람은 없었다. 수사관들이 이미 포기했을 무렵 갑자기 한밤중에 그가 그날의 살인에 대해 이야기했다. "나는 이미 오래전에 그걸 했어야 했어."라고 했고, "이제야 겨우 조용해지겠군. 돼지 같은 놈들의 오두막을 불 싸질렀어야 했는데……"라고도 했다. 병실엔 아셔 혼자뿐이었다.

아셔는 즉시 체포되었다. 신문 과정에서 경찰들은 그에게 녹음테이프를 들려주었다. "당신이 자백한 거야." 그들은 그에게 말했다. 그들은 총과 탄약이 어디에 있는지를 알아야 한다고 모든 것을 순순히 자백하는 편이 그에게도 나을 거라고, 어차피 더는 숨길 수 없을 거라고 말했다. 아셔는 계속 자신은 죄가 없다는 말만 거듭했다. 다섯 시간이 지나서야 그에게 변호사가 배정되었다. 판사는 살인 혐의로 그에 대한 구속영장을 허가했다.

감옥에서 아셔는 참회했다. 그는 목사에게 자신을 이해할 수 없다며 자신이 대체 무슨 짓을 저지른 건지 모르겠다고 말했다.

"나는 나쁜 인간입니다." 그가 말했다.

구속된 지 4주 후에 예심판사 앞에서 구속적부심이 열렸다. 판사는 그에게 아무것도 말하지 않아도 된다고 공지한 다음, 아셔의 변호사와 검사랑 한동안 이야기를 나누었다. 그들은 묵비권과 일기장, 도청과 상급법원의 결정에 대해 이야기했다.

아셔는 자신이 쏘아 죽인 젊은 여성을 떠올리려 애썼다. '머리색이 어땠지? 무슨 말을 했던가?' 그녀의 손톱에 붉은색 매니큐어가 발라져 있었던 것만은 기억할 수 있었다. 갑자기 어디서 온 것인지 알 수 없는 정체 모를 두려움이 터질 듯이 커졌다. 그가 자리에서 일어나자 변호사가 지금 당장 자리에 앉으라고 조용히 말했다. 하지만 아셔는 그대로 서 있었다. 지금 당장 무언가 말을 해야만 했다.

"나는……"

그의 입은 말라붙어 있었고 몸도 마음대로 움직일 수 없었다. 지금 호수집에 있으면 얼마나 좋을까, 그는 생각했다. 예전에 그는 그냥 거기 있을 수 있었다. 그곳은 고요했다.

"네?" 판사가 매우 친절한 어조로 말했다.

"나는…… 나는……" 아셔는 상태가 좋지 않았다. 대퇴골에 다시 통증이 찾아왔다. 그는 변호사가 뭐라도 말해주길 바랐지만 아무 말도 하지 않았다. 판사가 그를 빤히 바라보고 있었다. 아셔는 고개를 떨궜다. 무엇을 해야 할지 알 수 없어 다시 자리에 앉았다.

판사는 돋보기안경을 벗고 책상에 앉은 채 몸을 앞으로 숙였다. "아셔 씨, 우리에게 하고 싶은 말이 있습니까?"

"아닙니다, 죄송합니다."

"누가 병원에 문병을 왔었습니까?" 판사가 물었다.

"제 의뢰인은 아무 말도 하지 않겠다고 말했습니다." 변호사가 큰 소리로 말했다.

"아니요, 아무도요." 아셔가 답했다.

"가끔 자신과 혼잣말을 하십니까?" 판사가 물었다.

"네."

"병원에서도요?"

"그런 것 같습니다." 아셔가 말했다.

"그렇군요." 판사가 말하며 고개를 끄덕였다.

그는 안경을 다시 쓰고선 노트에 무언가를 적었다. 변호사가 계속해서 말을 했다. 무언가가 언짢은 목소리 같다고, 아셔는 생각했다. 검사는 계속해서 그녀의 말을 끊었고 둘 사이 오가는 말소리가 점점 커졌다. 그녀는 서류를 갖고 와 판사의 책상 위에 올려놓았다. 아셔에게서 받아낸 진술 내용이었다. 30분 후 판사는 모든 주장을 다 들었고 생각을 좀 해야겠으니 오늘 구속적부심은 이것으로 끝내자고 말했다.

다음 날 아셔는 다시 판사 집무실로 불려갔다. 변호사는 오늘 머리카락을 하나로 단정하게 꼭 묶고 나타났다. 그녀를 보자 아셔는 죽은 여성의 목덜미가 떠올랐다. 그녀가 초록색 목욕 가운을 입고 쓰러질 때 상큼한 비누 향이 났었고 가운 아래엔 하얀 속옷을 입고 있었지만 그가 그걸 봤을 땐 이미 피로 붉게 물든 뒤였다. 그는 자기 자리에 앉았다.

"한 인간의 생각이 감시되어선 안 됩니다."

예심판사가 말했다. "일기장과는 다르게 혼잣말은 입으로 말해진 생각이므로 다른 누가 끼어들 수도, 감시할 수도 없습니다. 그것은 인간의 사생활 영역에 해당하는 것이기 때문입니다. 법치국가가 그렇지 않은 국가와 다른 점은 진실을 찾기 위해서라 할지라도 어떠한 희생을 결코 허락하지 않는 데 있습니다. 즉, 법치국가는 스스로 한계를 지킵니다. 우리는 모두 한계를 지킨다는 것이 때론 얼마나 어려운 일인지를 알고 있지만 원칙에 따라 병실을 도청한 행위는 인정할 수 없습니다. 한 인간의 생각은 자유로울 수 있어야 하기 때문입니다. 생각은 결코 국가의 감시 아래 놓일 수 없고 이 사건에선 그것을 제외한다면, 피고인을 즉각적인 용의 선상에 올릴 수 있는 다른 증거가 없음으로 법정은 그에 대한 구속영장을 철회합니다. 무허가 소총과 권총을 소지한 것은 총기 관리법 위반이지만 미결구류를 연장할 사유로는 부적합합니다."

검사는 분개하여 판결에 이의를 제기했다. 최소한 아셔에 대한 구속을 다음 재판 때까지라도 연장해달라고 신청했다.

"안 됩니다." 판사는 말했다. 그는 매우 차분하게 책상 위에서 아셔 이름이 적힌 붉은 서류철을 정리해 닫았다.

"내 판결은 연방법원 판례에 따른 것으로 상급법원이 이와 다른 판결을 내릴 것으로는 생각하지 않습니다. 따라서 검찰의 요구를 기각합니다."

▼ ▲ ▼

두 시간 후 아셔는 옆문으로 구치소를 나왔고 중앙 출입구엔 기자들이 기다리고 있었다. 변호사와는 버스 정류장에서 만나기로 약속했다.

"마을로 곧장 돌아가시면 안 돼요." 변호사가 말했다. "모든 상황이 안정될 때까지 기다리세요." 그녀는 그를 법원 인근 여관으로 데려다주었다. 그는 1층에 작은 방을 얻어 가방과 소지품을 바닥에 내려놓고 텔레비전을 켰다. 지역 뉴스가 그의 사건을 보도하고 있었다. 그는 뉴스에서 마을과 별장용 주택 그리고 호수집을 보았다. 아셔는 침대에 누워 셔츠를 열고는 손가락으로 피부 위 점들을 훑어 내렸다.

자정 즈음 그는 베란다에 앉아 있었다. 맞은편 극장으로 마지막 상영 시간을 맞춘 관객들이 들어가고 있었다. 지금 들어간 그들은 모두 친구 사이일 거라고, 아셔는 생각했다. 그들은 영화에 대해, 직장에 대해, 그 밖에 여러 가지에 대해 이야기를 나눌 것이다. 그러고는 집으로 갈 것이다. 그들의 주택 혹은 그들의 아파트로.

6년 후 아셔는 어느 병원에서 간암으로 죽었다. 그는 사건 이후 다

　　　　　왜 살인자에게 무죄를 선고했을까?

시는 마을로 돌아가지 않았다. 집을 팔려고 시도했지만 인근에선 이미 살인자의 집으로 소문이 난 터라 팔리지 않았다. 유일한 상속녀는 어린 아이일 때 딱 한 번 아셔를 본 적이 있는 아주 먼 친척 조카였다. 그녀는 마드리드에 살고 있어서 그 집이 아무 쓸모가 없었기 때문에 마을에 기증했다. 마을은 집의 2~3층을 민속 박물관으로 꾸미고 1층은 요식업자에게 임대하여 레스토랑을 열게 했다. 이곳의 웹사이트에서는 레스토랑 테라스에서 고요한 호수를 즐기며 푸른 땅 일대를 한눈에 조망할 수 있다고 소개한다.

위법수집증거의 배제
대한민국 형사소송법 제308조의2

적법한 절차에 따르지 아니하고 수집한 증거는 증거로 할 수 없다.

Story 12

남겨진 자의 고통

리처드는 내 유년 시절 단짝 친구다. 나와 리처드는 열 살에 처음으로 가족과 떨어져 기숙 학교에서 침대를 나란히 썼다. 리처드는 우리 학년에서 재능이 가장 많은 소년이었다. 시험에서 최고점을 맞고 연극에선 주인공을 맡았으며 축구를 할 땐 센터 포워드였다. 하물며 스키 대회에서는 그 지역 출신들까지 제치고 우승을 거머쥐었다. 그에겐 모든 것이 쉬워 보였고 누구든 그와 어울리고 싶어 했다. 그 당시 그의 가족은 제네바에 살았지만 그 윗세대는 19세기 루르공업지대에서 철강업의 부흥을 이끈 인물이었다. 그의 성은 우리 역사책에도 등장했다. 대학 입학 시험을 치른 그는 옥스퍼드의 트리니티 칼리지에서 역사를 전공하고 2년 후 하버드에서 법학을 공부했다. 그는 뉴욕으로 주거지를 옮기고 가문의 재산을 관리해오던 은행에 취직했다. 그러다 몇 년 후 태국의 작은 섬에서 극소수의 하객만 초대하여 해변의 결혼식을 올렸다. 그의 아내 셰릴은 보스턴 출신으로 그보다 다섯 살 아래였다. 그들이 혼인 서약 하는 걸 지켜보던 누군가는 신부가 미국 배우 알리 맥그로우를 닮았다고 말했다. 그건 틀린 말이 아니었다.

아버지가 세상을 뜨자 리처드는 자기 몫의 회사 주식을 형에게 넘기고 아내와 뉴욕 소호 지역으로 집을 옮겼다. 일에서 손을 뗀 이후엔 셰릴과 함께 여행을 다니며 예술품을 모으고 자선 재단을 설립했다. 나는 한두 번 그 둘을 방문한 적이 있었다. 그들은 서로를 향한 애정이 넘쳤다. 그러다가 어느 순간 그와의 교류가 끊겼고 그 둘 모두에게 연락이 닿지 않게 되었다.

몇 년 후 나는 범죄인 인도 절차 때문에 뉴욕에 갈 일이 생겼다. 내 의뢰인은 일련의 금융사기를 저질렀는데 그를 처벌할 수 있는 권리가 미국과 독일 모두에 있었다. 수없이 많은 요청서가 오가고 지루한 회의 끝에 놀랍게도 미국 법무부가 그를 베를린으로 이송하는 데 동의했다. 그래서 뉴욕에서의 휴가가 하루 생겼다. 나는 제네바에 사는 리처드의 형에게 전화했다. 그는 리처드가 4년 전부터 어떤 호텔에서 지내고 있다며 거기서 그를 만날 수 있을 거라고 했다. 나는 주소를 찾아갔다. 엘리베이터 보이는 나를 42층에 내려줬다. 초인종을 누르고선 한참을 기다렸다. 비싼 호텔이었다. 대리석 바닥을 덮은 두꺼운 카펫에선 세제 냄새가 났고 벽에는 거울과 오래된 집들의 건축 설계도가 금색 프레임 액자에 걸려 있었다.

젊은 여자가 문을 열었다. 티셔츠만 한 장 달랑 걸치고 나온 그녀는 눈이 퉁퉁 부어 있었다. 여자는 문을 열고서는 아무 말 없이 뒤돌아 침실로 들어갔다. 리처드는 한쪽이 뜯겨나간 셔츠를 풀어 헤친 채 소파에 누워 있었다. 나는 그때까지 그렇게 마른 남자를 본 적이 없었

왜 살인자에게 무죄를 선고했을까?

다. 그는 나를 보자마자 자리에서 일어나 앉더니 아이처럼 인사도 없이 대뜸 보고 있던 텔레비전 프로그램 얘기부터 꺼냈다. 탁자에는 셀로판 포장지에 싸인 알록달록한 알약들이 한가득 놓여 있었다.

"정말 긴 밤을 보냈지." 그가 말했다. 그의 눈동자는 초점이 맞지 않았다.

그는 자리에서 일어나 나를 안았다. 땀과 알코올 냄새가 진동하는 그는 입술 끝이 부르텄고 피부는 바짝 말라 각질투성이였으며 코 아래에는 피딱지가 들러붙어 있었다. 부어오른 머리는 깡마른 몸에 비해 너무 커 보였다.

"나가자." 그가 말했다. 그는 선글라스를 찾는 데도 한참이 걸렸다.

거리로 나오자 숨이 턱 막혔다. 노숙자 하나가 소화전 아래에서 세수를 하고 있었다. 그 도시는 자동차의 엔진 소리와 짧은 경적, 경찰차와 응급차의 사이렌 소리가 일상이었다. 63번지로 올라가는 동안 리처드는 계속 다리를 절뚝였다. 매디슨가로 가는 모퉁이에 이 지역에서 유일하게 괜찮은 커피를 파는 가게가 있다고, 그가 말했다.

우리는 카페 구석에 자리를 잡고 기다렸다. 여기선 모두가 그를 알아보는 것 같았다. 록웰 베이커리 배송 기사가 식빵을 가져와선 계산대 너머 선반에 쌓아 놓았다. 가게의 주인이 속도가 너무 느리다며 조리사를 엉덩이로 밀었고 손님들은 그 광경에 손뼉을 치며 웃었다. 주인은 허리를 숙여 박수에 화답했고 조리사도 미소를 보냈다. 웨이터가 종이컵에 담긴 커피 두 잔을 가져왔다. 커피는 뜨겁고 진했다. 우리는 카페에서 나와 5번가를 가로지르면 나오는 센트럴 파크 잔디밭에 앉았다. 리처드는 손을 떨며 커피를 한 모금 마셨고 덥수룩한 수염에 커피가 묻자 손으로 커피를 훔치더니 내 셔츠에 닦았다. '이스트 할렘'이라고 적힌 노란색 티셔츠를 입은 소녀들이 야구 경기를 하기 위해 몸을 풀고 있었다. 이 세상 다른 초등학생들과 마찬가지로 비명을 지르며 놀았다. 우리는 그들을 바라보았다.

"저기였어." 리처드가 갑자기 작은 길을 가리켰다.

"무슨 말이야?" 내가 물었다.

그는 대답을 하지 않고 풀밭에 눕더니 바로 잠이 들었다. 입을 벌린 채 잠든 그의 얼굴이 침에 젖어 번들거렸다.

잠시 후 나는 그를 깨워 호텔로 돌아갔다. 젊은 여자는 거기 없었다. 나는 그에게 계속 살고 싶다면 중독 클리닉에 가야 한다고, 그렇지 않으면 마약 때문에 죽고 말 거라고 경고했다. 그가 소파에 쓰러지듯 누우면서 곁에 있던 전등이 함께 넘어졌다. 그는 두어 번 그걸 바로 세우려고 애써보더니 그냥 내버려두고 몸을 뉘었다. 그는 그렇게까지 심각하진 않다고 말하고선 다시 텔레비전 전원을 켰다. 나는 중독자들이 모두 같은 거짓말을 한다는 것을 알고 있었다. 돌아가기 전에 잠시 호텔 지배인과 얘기를 나눴다. 나는 그에게 돈을 좀 쥐어주면서 정기적으로 리처드를 들여다봐달라고 부탁하고선 리처드 형의 전화번호를 남겼다. 내가 할 수 있는 건 그것밖에 없다고 생각했다.

왜 살인자에게 무죄를 선고했을까?

2년 후 리처드의 형이 내게 이메일 한 통을 보내왔다. 지금 프랑스에 있는데 한번 보러 올 수 있냐는 내용이었다. 노르망디에 있는 그 집은 어렸을 때 자주 가봤던 곳이기 때문에 알고 있었다. 그때 리처드의 어머니는 항상 책을 들고 정원에 앉아 계셨다. 검은 눈에 몸이 마르고 말수가 적었던 부인은 한여름에도 니트 재킷을 걸치고 있었다. 한참 후에 들은 소식에 의하면 그녀는 인생의 상당 부분을 정신병동에서 보냈다고 한다. 멀리 바다가 내다보이는 그녀의 정원에서 나는 처음으로 레몬나무와 오렌지나무를 보았다.

분수대 앞에 차를 세우고 아래쪽 정원을 지나 집으로 들어갔다. 리처드는 작은 천막 아래 체크무늬 무릎 담요를 덮은 채로 등나무 의자에 앉아 있었다. 의자 옆 탁자에는 찻잔 세트와 쿠키, 그리고 모과나무 가지가 꽂힌 꽃병이 놓여 있었고 천막 옆에 서 있는 천사 동상은 비바람에 산화되어 녹색으로 변해 있었다. 어릴 때 우리는 그 천사에게 장난감 화살을 쏘며 놀았었다.

리처드는 호텔에서 봤을 때보다 얼굴이 좀 더 상해 있었다. 말라붙은 피부 아래로 광대뼈가 보일 지경이었으며 걸치고 있는 가운은 깡마른 그에게 딱 봐도 너무 큰 치수 같았다. 그리고 삭발한 머리에는 굵은 트위드 모자를 쓰고 있었다.

"네가 와줄 수 있어서 정말 다행이다." 그가 말했다. "몇 달 만에 처음으로 온 손님이야."

그는 더 할 말이 없는 듯했다. 그의 눈은 또렷하면서도 매우 피곤해 보였다.

"그 용 봤니?" 그가 물었다.

"용이라니?"

"간호사 말이야. 끔찍하게 엄격해. 형이 어디서 그런 여자로 골라 왔어."

우리는 이곳에서 보낸 어린 시절 이야기를 했다. 나는 이가 하나밖에 없던 정원사 아저씨, 어른들 몰래 마을로 소풍 갔던 일과 리처드를 좋아했던 목사님의 예쁜 딸에 대해 말했다. 우리의 기억들은 하나같이 불경스럽고 또 하나같이 거룩했다.

"그들은 내가 정신분석의를 만났으면 해" 그가 갑자기 말했다.

"그렇게 할 거야?"

"아니." 그가 단호하게 말했다.

"치료할 게 없어. 나는 제네바에 있을 때 정신병원에 갔었고 해볼 수 있는 건 이미 다 했어. 같은 일을 또 한 번 하지는 않을 거야. 대화는 내게 아무 도움이 안 돼."

바다는 잿빛이었다. 밤이면 비가 올 것이다. 이 지역에만 내리는 가는 안개비가.

"아직도 담배 피우니?" 그가 물었다. "그 용이 담배도 못 피우게

해. 하지만 지금은 한 대 피워야겠다."

그에게 담배를 주었다. 그는 불을 붙이고 한 모금 들이마시더니 바로 기침을 했다. 그는 웃으며 담배를 재떨이에 눌러 끄고는 했다.

"이젠 이것도 마음대로 안 되네."

"나도 끊어야 해." 나는 마음에도 없는 말을 했다.

리처드는 다리를 맞은편 의자로 뻗고선 찻잔을 배에 올렸다.

"오랫동안 마을에 내려가보질 못했어. 형이 교회를 리모델링했다는데 그걸 보고 싶어. 그런데 안 된대. 그 용이 그것도 못 하게 해 꼭 어릴 때 듣던 말 같아. 정원에만 있어!"

우리는 웃었다. 그러고선 식어버린 차를 마시며 한참 동안 아무 말도 하지 않았다.

"그동안 무슨 일이 있었던 거야?" 마침내 내가 물었다.

"너 옛날에 '택택이' 기억나?" 리처드가 말했다.

"물론이지." 기숙 학교에서 우리는 독일어 선생님을 '택택이'라고 불렀다. 발음이 좀 이상해서 그런 별명이 붙었던 그 선생님은 릴케에 푹 빠져 있던 예수회 수사였다.

"그럼 이 시도 기억하겠구나. '누가 승리를 논하는가? 견뎌냄이 전부인 것을.'"

"많이도 외웠었지."

"릴케는 전쟁 얘기를 하고 싶었던 거야." 리처드가 말했다. "나는 그가 자기가 쓴 것을 진심으로 믿었을지 의심스러워. 이제 나는 그게 헛소리라는 걸 잘 알거든. 견뎌냄은 아무 의미도 없어. 아무것도 아니지."

공기 중에 장미와 튤립 그리고 은방울꽃 향내가 진동했다.

"너도 알다시피……" 그가 말했다.

"나는 셰릴을 정말 좋아했어. 혹 위대한 사랑이라고 불릴 만큼 그렇게 대단한 사랑은 아니었을지도 모르지. 하지만 우리는 우리가 아는 어떤 대부분의 커플보다도 서로를 훨씬 잘 이해했어. 우린 아이를 가지려고 노력했는데 잘 안 됐어. 처음엔 웃어 넘겼지만 셰릴은 점점 더 심각하게 그 일에 매달리기 시작하더군. 기초 체온을 측정해서 우리가 잠자리할 날까지 정했어. 그것 말고도 끔찍하게 황당한 일은 계속해서 늘어났지. 우리는 병원에서 할 수 있는 모든 것을 시도했어. 나는 내 정자를 검사하고 담배도 끊었어. 그런데도 그녀의 생리 주기가 시작될 때마다 우리는 끊임없이 새로운 패배감에 시달려야 했어. 달이 갈수록 고통은 점점 더 심해졌지. 남들 귀엔 이상하게 들릴 거야. 우리 인생에서 그것 말곤 아무 문제가 없었으니까. 그래도 그녀는 아이 하나 때문에 점점 더 절망했고 울고 또 울었어. 우리 사이엔 대화가 끊겼고 여행도, 음악회도, 전시회도 가지 않았어. 그저 집에서 먹기만 했고 우리 둘의 인생은 쪼그라들어 추해졌지. 셰릴은 더이상 손님이 오는 것도 달가워하지 않았어. 심지어는 가정부도 내보내더라. 나는 저 여자를 더 이상 견딜 수 없어, 그녀가 말했지. 그리고 어느 순간 그녀는 우리의 모든 친구에 대해 그렇게 말하기 시작했어. 길에서

왜 살인자에게 무죄를 선고했을까?

다른 커플을 볼 때면 나는 그들의 밝은 에너지와 일상에서 느낄 수 있는 소소한 행복감을 부러워했어. 그저 그들이 키스를 하거나 손을 잡고 영화관에 간다는 이유로 질투하게 된 거야. 밤마다 텔레비전으로 여행 다큐멘터리를 보는 내 모습을 상상할 수나 있니? 바보같이 텔레비전 앞에 앉아 여행이나 동물 다큐멘터리 따위를 보는 내 모습을?"

"네가 무슨 말을 하는지 알겠어." 나는 말했다.

"우리 집엔 작은 방이 있는데 그 방엔 뒷마당으로 통하는 문이 있었어. 우린 그 방을 사무실이라고 불렀지만 사실은 내 컴퓨터와 일인용 소파, 스탠드 전등이 다였지. 매일 작은 소년이 그 의자에 앉아 뒷마당을 내다보고 있었어. 소년에겐 고양이가 한 마리 있었지. 몇 시간이고 소년은 뜨거운 시멘트 바닥에 앉아 고양이를 쓰다듬었어. 내가 얼마나 오랫동안 그 소년을 지켜보고 있었는지 몰라. 나는 내 인생을 되돌리고 싶었어. 이해할 수 있니? 그렇다고 차마 셰릴을 떠날 수는 없었어. 우린 지금까지 너무 많은 것을 함께 해왔고 그녀도 나 못지않게 망가지고 있었으니까. 나는 이제 그 일을 포기하자고 말하기가 두려웠어. 결국 두려움과 죄책감, 그리고 어리석음 때문에 말도 안 되는 짓을 계속했지. 그리고 길고 더웠던 어느 여름이 지나자 불현듯 우리는 너무 지치고 기운이 없어서 그 일을 더는 할 수 없게 되었어."

"그래서 어떻게 했니?"

"내가 그녀에게 말을 꺼냈어. 그녀를 위해 언제나 함께하겠다고 약속했지만 약속을 못 지킬 것 같다고 했지. 나는 그녀가 원하는 남자

가 아니었어. 그때 우리는 그녀가 요리한 저녁 식사를 앞에 두고 부엌에 서 있었어. 우리는 싸우지도 큰 소리를 내지도 않았지. 우린 단 한 번도 그런 적이 없었어. 그런 건 우리에게 어울리지 않으니까. 셰릴은 오히려 나를 이해한다고 말하며 울기 시작했는데 그건 속으로 삼키는 끔찍한 울음이었지. 그녀는 침실로 가더니 조깅복을 입고 나왔어. 무언가 생각할 게 있을 때면 언제나 자전거를 타고 센트럴 파크까지 가서 몇 시간을 달리곤 했거든."

리처드는 다시 담배 한 대를 꺼내 들었다. 이번에는 기침이 나와도 계속 담배를 피웠다.

"사람들이 그녀를 발견했을 때……" 그가 말했다. "그녀는 두개골이 깨져 과다 출혈로 혈액의 80퍼센트가 빠져나간 후였지. 그녀의 음부에선 나뭇가지와 나뭇잎, 흙이 나왔고. 열여덟과 스무 살짜리 두 놈의 짓이었어. 휴대전화와 목걸이, 결혼반지를 훔쳐 간 걸 봐서 아마 셰릴을 죽이려던 건 아니고 어쩌다 보니 사고가 났을 거라고, 나는 생각했었지. 하지만 나중에 그들은 의도적으로 살해한 것으로 판결 났어."

"나는 전혀 몰랐어." 내가 말했다.

"셰릴은 결혼 전 성을 그대로 썼으니까 신문에선 그냥 익명으로 보도했어. 어떻게 했는지는 모르지만 형이 언론에 손을 썼지. 형은 그런 일에 아주 능수능란하잖아. 너도 알겠지만 나는 장례, 서류 절차, 조문객, 증언 등 우리 집에서 몇 주 더 남아서 처리해야 할 일이 많았어. 모든 일이 끝나고서야 그 감옥으로부터, 그리고 나 자신을 가두어놓았던 내 머리로부터 빠져나오기로 했지. 호텔로 이사한 다음 나 자신을 망가뜨리기 시작했어. 나는 매우 의식적으로, 매우 체계적으로 나를 망가뜨렸지. 그 결과는 보다시피야."

"재판엔 갔었니?"

"아니. 나는 그놈들과 잠시도 한방에 있고 싶지 않았어. 변호사한테서 서류와 사진도 받았지만 열어 보지도 않고 그냥 금고 맨 위 칸에 넣어놨어."

리처드는 더 이상 말하지 않았다. 나는 그의 숨소리를 들었지만 그를 쳐다볼 수는 없었다.

"'당신은 너무 멀리 갔어.' 그녀가 내게 남긴 마지막 말이야. 부엌 창으로 나는 그녀가 자전거에 올라타 길을 따라 사라지는 것을 그냥 바라만 보았지."

"네 잘못이 아니야." 내가 말했다.

"그래, 모두가 그렇게 말하더군. 사람들은 그런 말이 도움이 될 거라고 생각하나 봐. 하지만 내가 그 말을 하면서 그녀를 안아주기라도 했다면 우린 지금 다르게 살고 있을 거야. 혹은 내가 그녀를 따라가기만 했어도 그녀는 아직 살아 있겠지. 그건 분명 내 잘못이고 돌이킬 수 없어. 그 어떤 심리 치료나 약물로도 나는 그냥 그녀가 사라지는 것과 그녀와 함께 있는 것, 그 어느 것도 견딜 수가 없었던 거야."

왜 살인자에게 무죄를 선고했을까?

그는 자리에서 일어나 정원 끝 낭떠러지로 걸어갔다. 나는 그를 따라갔다. 우리는 함께 절벽 아래에서 요동치는 파도를 바라보았다.

"혹시 네가 맞을지도 몰라. 내 죄가 아니고 내 잘못이 아닐지 모르지." 그가 말했다. "하지만 적어도 그 벌은 내 몫이야."

두 시간 후 내가 떠날 때 친구는 천막 아래에 담요를 둘둘 말고 미동도 없이 앉아 있었다. 그것이 내가 그를 본 마지막이었다. 2주 후 그는 양치질 컵에 동물 안락사에 쓰이는 펜토바르비탈 나트륨을 몇 그램 녹여서 삼켰다. 그가 어디서 그 약품을 구했는지는 아무도 알지 못했다. 그의 시신은 뉴욕으로 옮겨져 아내 옆에 묻혔다.

▼ ▲ ▼

노르망디에서 돌아온 지 몇 달 후 나는 글쓰기를 시작해 너무 많은 것을 쓰게 되었다. 대부분의 사람은 폭력적인 죽음에 대해 알지 못했다. 그게 어떤 모습인지, 과연 어떤 냄새를 풍기고 어떤 공허함을 남기는지 잘 모른다. 나는 내가 변호했던 사람들에 대해 생각했다. 그들의 외로움과 낯섦, 그리고 자기 자신을 향한 그들의 공포에 대해 생각했다.

20년간 형사소송 변호사로 일하고 난 뒤 내게 남은 건 상자 하나였다. 잡동사니와 잘 나오지 않는 초록색 만년필, 언젠가 의뢰인에게서 선물 받은 담배 지갑, 그리고 몇 장의 사진과 몇 통의 편지가 전부였다. 나는 새로운 인생은 쉬우리라 생각했지만 결코 쉽지 않았다. 우리가 약사든 목수든 작가든 혹은 그 무엇이든 모든 인생이 쉽지 않긴 마찬가지다. 규칙은 조금씩 다르겠지만 낯섦은 사라지지 않고 외로움과 다른 모든 것도 여전할 것이다.

범죄피해자보호법 제2조 1항
범죄피해자는 범죄피해 상황에서 빨리 벗어나 인간의 존엄성을 보장받을 권리가 있다.

법은 깨어지기 위해서 제정되었다.

- 노스 -

법에 대한 질문은 무수히 많지만 정답은 없다. 어떤 답을 말한다 해도 그것은 법의 현실과 이상의 괴리로 인한 개인의 차이일 것이다. 결국 법을 마주하는 현실에서 우리의 역할은 나의 존재 가치를 보호하기 위해 완전할 수 없는 법을 끊임없이 고찰하는 일이다. 적어도 '더 나은 현실'을 살아갈 수는 있을 테니까.

옮긴이 이지윤

한국외국어대학교 영어과를 졸업하고 〈프레시안〉에서 5년간 정치 기사를 썼다. 2008년 이후 독일로 이주하여 독일 풀다(Fulda) 대학교에서 '문화 간 소통'을 주제로 석사 학위를 받았다. 정갈하고 명료한 문장이 장점이다. 지금은 출판 번역 에이전시 베네트랜스에서 '문화 간 소통'을 번역으로 중개하고 있다. 옮긴 책으로는《마틸다의 비밀 편지》,《만만한 철학》,《지적인 낙관주의자》,《두 개의 독일》,《세금전쟁》이 있다.

왜 살인자에게 무죄를 선고했을까?

초판 1쇄 발행 2019년 10월 17일
초판 2쇄 발행 2022년 10월 11일

지은이 페르디난트 폰 쉬라크 **옮긴이** 이지윤

발행인 이재진 **단행본사업본부장** 신동해
편집장 김경림 **디자인** 석운디자인 **일러스트** 전지은
마케팅 최혜진 **홍보** 최새롬
국제업무 김은정 **제작** 정석훈

브랜드 갤리온
주소 경기도 파주시 회동길 20
문의전화 031-956-7213(편집) 031-956-7567(마케팅)
홈페이지 www.wjbooks.co.kr
페이스북 www.facebook.com/wjbook
포스트 post.naver.com/wj_booking

발행처 ㈜웅진씽크빅
출판신고 1980년 3월 29일 제406-2007-000046호

한국어판 출판권 ⓒ 웅진씽크빅, 2019
ISBN 978-89-01-23724-4 (03360)